Autor _ KEATS
Título _ ODE SOBRE A MELANCOLIA
E OUTROS POEMAS

Copyright	Hedra 2010
Tradução©	Espólio de Péricles Eugênio da Silva Ramos
Agradecimentos	Clóvis F. da Silva Ramos e Iumna Maria Simon
Corpo editorial	Adriano Scatolin, Alexandre B. de Souza, Bruno Costa, Caio Gagliardi, Fábio Mantegari, Iuri Pereira, Jorge Sallum, Oliver Tolle, Ricardo Musse, Ricardo Valle

Dados

Dados Internacionais de Catalogação na Publicação (CIP)

K33 Keats (1795–1821)
Ode sobre a melancolia e outros poemas. / Keats. Organização e tradução de Péricles Eugênio da Silva Ramos. – São Paulo: Hedra, 2010. 156 p.

ISBN 978-85-7715-052-6

1. Literatura inglesa. 2. Poesia. 3. Melancolia. I. Título. II. Keats, John (1975 – 1821). III. Ramos, Péricles Eugênio da Silva, organizador. IV. Ramos, Péricles Eugênio da Silva, tradutor.

CDU 820
CDD 823

Elaborado por Wanda Lucia Schmidt CRB-8-1922

Direitos reservados em língua portuguesa somente para o Brasil

EDITORA HEDRA LTDA.

Endereço	R. Fradique Coutinho, 1139 (subsolo) 05416-011 São Paulo SP Brasil
Telefone/Fax	+55 11 3097 8304
E-mail	editora@hedra.com.br
Site	www.hedra.com.br

Foi feito o depósito legal.

Autor _ KEATS
Título _ ODE SOBRE A MELANCOLIA E OUTROS POEMAS
Organização e tradução _ PÉRICLES EUGÊNIO DA SILVA RAMOS
São Paulo _ 2011

John Keats (1795–1821) é um dos maiores poetas românticos ingleses, figurando ao lado de P. B. Shelley e Byron. Filho de uma família modesta, estudou no Clarke's School, escola de tendência liberal, dos 7 aos 14 anos, quando perde os pais. Aos 16 anos, torna-se aprendiz de cirurgião por influência de seu tutor, Richard Abbey, e passa a demonstrar gosto pela poesia inglesa e pela mitologia greco-latina, período no qual conclui a tradução da *Eneida*, de Virgílio. Em 1816, começa a estudar medicina no Guy's Hospital (Londres), mas desiste da carreira por falta de vocação e, sobretudo, para se dedicar à poesia. Neste mesmo ano tem publicado seu primeiro poema, o soneto "O solitude!", no famoso periódico *Examiner*, e a despeito do entusiasmo inicial, recebe duras críticas. Como os demais românticos, Keats perseguiu em sua obra a manifestação concreta do sublime, como a urna grega e o rouxinol, presentes em suas odes, o que exemplificou no célebre verso de *Endimião*, *"A thing of beauty is a joy for ever"* (Tudo que é belo é uma alegria para sempre). Keats atinge o auge de sua atividade poética, quando publica em 1819 seis odes, a saber, "Ode sobre uma urna grega", "Ode a um rouxinol", "Ode a Psiquê", ode "Ao outono", "Ode sobre a melancolia" e "Ode sobre a indolência". Morre de tuberculose em Roma, aos 25 anos.

Ode sobre a melancolia e outros poemas reúne, além das "Odes de 1819", 20 poemas que transitam entre os mais importantes sonetos do poeta até trechos de duas de suas grandes obras: "Hiperíon" e *Endimião*. Em edição bilíngue, a tradução, feita pelo poeta Péricles Eugênio da Silva Ramos, apresenta notas históricas e parafrásticas, além de observações sobre a tradução.

Péricles Eugênio da Silva Ramos (Lorena, 1919–São Paulo, 1992) foi poeta, tradutor, crítico literário, antologista e filólogo. Iniciou carreira como redator do *Jornal da Manhã* em 1941. Por *Lamentação floral*, seu primeiro livro de poesia, é agraciado com o Prêmio Fábio Prado em 1946. Passa a colaborar com o Suplemento Literário de *O Estado de São Paulo* a partir de 1964, firmando-se como um dos mais importantes críticos do país. Idealizou e foi um dos fundadores do Museu de Arte Sacra, do Museu da Casa Brasileira e do Museu da Imagem e do Som. Figura de proa da Geração de 45 em São Paulo, concebeu e realizou uma das mais vastas antologias de poesia brasileira, publicadas ao longo da década de 1960 pela Melhoramentos: *Poesia barroca, Poesia do ouro, Poesia romântica, Poesia parnasiana, Poesia simbolista e Poesia moderna*, além de ter organizado as *Poesias completas de Álvares de Azevedo* (Saraiva, 1957). Profundo conhecedor do grego clássico e do latim, além do inglês, francês e alemão, traduziu obras de Virgílio, Melville, Brecht, Whitman, afora suas clássicas traduções de Yeats, Shakespeare, Góngora, Byron, Villon e Shelley, que a Editora Hedra vem publicando. Sua tradução de *Hamlet* é considerada a mais fiel e bem realizada em língua portuguesa, tendo recebido menção honrosa da Royal Shakespearean Society.

SUMÁRIO

Introdução, por Péricles Eugênio da Silva Ramos 9

ODE SOBRE A MELANCOLIA E OUTROS POEMAS **39**
La Belle Dame sans Merci 40
La Belle Dame sans Merci 41
Ode on a Grecian Urn 46
Ode sobre uma urna grega 47
Hyperion (I, 72–8) 52
Hiperíon (I, 72–88) 53
Ode to a Nightingale 54
Ode a um rouxinol 55
What the Thrush Said 64
O que disse o tordo 65
Ode to Psyche 66
Ode a Psiquê 67
Sonnet 74
Astro fulgente 75
To Autumn 76
Ao outono 77
On the Grasshopper and Cricket 80
Sobre o gafanhoto e o grilo 81
Ode on Melancholy 82
Ode sobre a melancolia 83
Endymion (I, 1–33) 86
Endimião (I, 1–33) 87
Sonnet 90
Por que esta noite eu ri? 91
Hyperion (III, 10–43) 92
Hiperíon (III, 10–43) 93
Sonnet 96
Partiu o dia 97
Ode 98
Bardos da paixão e da alegria 99
On First Looking into Chapman's Homer 102
Ao compulsar, pela primeira vez, o Homero de Chapman 103
Ode on Indolence 106
Ode sobre a indolência 107

This Living Hand…	114
Esta mão viva	115
Fancy	116
A fantasia	117
Sonnet	122
Se tenho medo	123
Endymion (I, 232–306)	124
Hino a Pã (I, 232–306)	125
To sleep	130
Ao sono	131
Meg Merrillies	132
Meg Merrillies	133
Sonnet: A Dream, after reading Dante's episode of Paolo and Francesca	136
Um sonho: depois de ler o episódio de Paolo e Francesca, em Dante	137
Endymion (IV, 146–290)	138
Hino à tristeza (IV, 146–290)	139
On Seeing the Elgin Marbles	150
Ao ver os Mármores de Elgin	151

INTRODUÇÃO

KEATS MANIFESTOU certa vez a convicção de que, por sua morte, estaria "entre os poetas ingleses". Mas quando morreu, em Roma, aos 25 anos, não parecia acreditar nisso, tanto que nem quis ter o nome gravado na campa. Preferiu a inscrição *"Here lies one whose name was writ in water"* (Aqui jaz alguém cujo nome foi escrito n'água).[1] Shelley, em carta a Severn, na qual lhe enviava o primeiro exemplar de *Adonais*[2] (elegia funeral consagrada a Keats), afirmava que, apesar do gênio transcendente do vate, este nunca fora, nem seria, um poeta popular; e que, sem embargo da herança maravilhosa do moço, não poderia ele, Shelley, com a sua homenagem, dissipar a negligência que cercava o nome do morto. Enganava-se nisso, contudo logo passaria Keats a influenciar poetas como Tennyson e Swinburne; sua balada "La Belle Dame sans Merci" seria tomada como padrão pelos pré-rafaelitas, e, através desses pré-rafaelitas e esteticistas, atingiria o Simbolismo francês.[3] Mathew Arnold reconheceria que Keats estava entre os poetas ingleses, ao lado de Shakespeare, e o poeta passou, com o tempo, a ser uma das figuras mais amadas das letras inglesas, em virtude da força de sua poesia, de sua vida breve, de seu amor irrealizado. Hoje pode-se afirmar tranquilamente que John Keats figura com nitidez

[1] Há quem veja nisso uma alusão a Shakespeare: *"Man's evil manners live in brass; their virtues/ We write in water"*, conformando-se Keats com que as suas virtudes assim se apagassem. Mas Keats já tinha coisas parecidas, como aquele *"written in the air"* de sua carta a Reynolds em 14 de março de 1818. Derivaria este também de Shakespeare?
[2] Incluído em *Ode ao vento oeste*, desta mesma coleção. [N. do E.]
[3] Mano Praz, *The Romantic Agony*, trad. de Angus Davidson, Nova York, Meridian Books, 1956, p. 201.

INTRODUÇÃO

não apenas na literatura inglesa, mas nas próprias letras universais, onde fulguram esses documentos singulares que são as suas grandes odes.

VIDA

John Keats nasceu em Finsbury, Londres, em 31 de outubro de 1795, da união de Thomas Keats e Frances Jennings, filha de um dono de cavalariças de aluguel que Thomas administrava. John teve quatro irmãos: George (28/2/1797), Thomas (Tom, 18/11/1799), Edward (1801, falecido breve) e Frances Mary (Fanny, 3/6/1803). Neste último ano, foi estudar na escola do Rev. J. Clarke, em Enfield, onde ficou até 1811. Para essa escola foi também George, pouco depois, e Tom, alguns anos mais tarde. Em 1804, mais precisamente em 16 de abril, morreu Thomas, o pai, de uma queda de cavalo, e sua viúva se casou novamente dois meses depois; a avó, Mrs. Jennings, se encarregou dos netos. No ano seguinte faleceu o avô de Keats, e Mrs. Jennings foi viver em Edmonton, lugarejo ao norte de Londres, onde Keats passava as férias. Em 1806 a mãe de Keats abandonou o segundo marido, um bancário.

Na escola, Keats mostrava-se popular e pugnaz, mas de repente, em 1809, desenvolveu-se nele o gosto pela leitura, a que se entregou com fervor. Embebeu-se de mitologia. Em 1810 morreu-lhe a mãe, tuberculosa, e Mrs. Jennings fez um testamento em favor dos netos, designando tutores, um dos quais, Richard Abbey, negociante de chá, ficaria único, por morte do outro, J. N. Sandail, em 1816. Em 1811 Keats entrou como aprendiz de Thomas Hammond, cirurgião e boticário em Edmonton. Muito ligado ao filho do Rev. Clarke, Charles Cowclen Clarke, ia frequentemente visitá-lo, com ele obtendo livros. Terminou uma tradução em prosa da *Eneida*, que vinha fazendo havia algum tempo, e em 1812 – diz-se ultimamente que em 1814 – escreveu uma "Imitação de Spenser", cuja *Faerie Queene* o havia fascinado.

No ano seguinte, 1813, conheceu Severn, então aprendiz de gravura, o amigo que o acompanharia à Itália, anos mais tarde. Em 1814 morre-lhe a avó, e de 1815, em 2 de fevereiro, data o "Soneto escrito no dia em que Hunt é libertado da prisão". Esse Hunt – Leigh Hunt – havia sido condenado à prisão em 1813 por um ataque contra o Príncipe Regente, publicado em seu jornal, o *Examiner*, que Keats lia bastante, uma vez que os Clarkes, liberais, admiravam Hunt.

Keats foi estudar medicina em Londres, em outubro, no Guy's Hospital. O ano de 1816 foi importante para ele, pois em 5 de maio viu publicado um poema seu: o soneto "O solitude!", que saiu no *Examiner*. Em julho viu o mar pela primeira vez. Manuscritos de Keats foram mostrados a Leigh Hunt por Clarke, que também veio a apresentar os dois poetas. Outubro seria marcante na vida de Keats: nesse mês varou uma noite lendo com C. C. Clarke trechos importantes de Homero, na tradução de Chapman, e na manhã seguinte enviou ao amigo sua primeira obra tida por keatsiana, o soneto "Ao compulsar, pela primeira verz, o Homero de Chapman". Nesse mesmo mês conheceu Haydon, o pintor de carreira trágica, bem como o poeta John Hamilton Reynolds; e a partir de dezembro começou a frequentar muito a casa de Hunt. Conheceu Shelley, que sempre o trataria com interesse e consideração, mas dele Keats não se aproximou, diria mais tarde que para preservar sua própria individualidade. Ou talvez porque a nobreza de Shelley não o atraísse. Keats aliás não se achegou a nenhum dos grandes poetas de seu tempo, como Wordsworth ou Coleridge, os quais veio a conhecer, admirando o primeiro, apesar de certas divergências (julgava sua poesia egotista, diretriz que não era a dele) e também o segundo, com o qual veio a ter mais tarde uma palestra proveitosa, segundo parece, e ao qual deu a impressão de que já trazia a morte nas mãos. Assim, o homem de letras mais importante de que ele cultivou a amizade foi Leigh Hunt (1784–1859), poeta, ensaísta e jornalista, autor de *The Story*

INTRODUÇÃO

of Rimini (1816), amigo de Byron e de Shelley, bem como de Hazlitt e Lamb.

Um artigo de Hunt (não assinado), em dezembro, chamava a atenção, no *Examiner*, para três poetas de futuro: Shelley, Keats e John Hamilton Reynolds. Nesse mesmo mês, no dia 30, houve uma competição na casa de Hunt, sobre o canto do grilo. Hunt propôs a Keats que cada um escrevesse um soneto sobre o tema, em quinze minutos, e se declarou batido; Keats escreveu o hoje famoso "Sobre o gafanhoto e o grilo". Não foi o único, certamente, de que se tem notícia, envolvendo Keats e Hunt. Em fevereiro de 1818, os dois e Shelley se entregaram à tarefa de escrever, cada um, um soneto sobre o rio Nilo, que assim pusemos em versos de nossa língua:

Ao Nilo

Filho dos velhos montes da África, lunares!
Tu, chefe da Pirâmide e do crocodilo!
Chamamos-te fecundo: então, ante os olhares
De nossa mente estende-se um deserto, Nilo!
Berço de escuras raças desde os limiares
Do mundo, és fértil tu? Ou finges tudo aquilo
Por que te honra o homem que, o cansaço a persegui-lo,
Entre o Cairo e o Decã assume alguns vagares?
Possam as negras fantasias sempre errar!
É a ignorância que faz uma desolação
De tudo em torno dela: o junco a verdejar
Orvalhas como os nossos rios, e a ascensão
Amas do Sol; verdes também tuas ilhas são,
E com alegria igual tu corres para o mar.[4]

---

[4] Son of the old moon-mountains African!/ Chief of the Pyramid and Crocodile!/ We call thee fruitful, and, that very while,/ A desert fills our seeing's inward span;/ Nurse of swart nations since the world began,/ Art thou so fruitful? or dost thou beguile/ Such men to honour thee, who, worn

Não é um grande soneto; segundo Robert Gittings, o melhor dos três foi o de Hunt, que levou toda a noite para fazê-lo.

Parece que foi a essa altura, fins de 1816, que Keats renunciou à medicina para dedicar-se inteiramente à poesia, coisa que seu tutor não encarou com satisfação.

Também 1817 foi um ano importante para Keats. Logo no início, em 1 ou 2 de março, viu com Haydon os mármores do Partenon, que Lorde Elgin, após adquiri-los, levara para a Inglaterra e cedera, por preço inferior ao que havia pago, ao Museu Britânico. Escreveu na ocasião dois sonetos, "Ao ver os mármores de Elgin", um dirigido a Haydon, outro diretamente sobre a impressão que lhe causaram as figuras gregas: traduzimos este, sem embargo da observação de Lorde Houghton de que é obscuro.

Em 3 de março saíram à luz seus *Poems*, em Londres, editados por C. & J. Ollier, com uma epígrafe de Spenser. Apesar de algumas críticas favoráveis, o livro não se vendeu. Em abril, seguindo o conselho de seus irmãos e de Haydon, foi para o campo: de início esteve na ilha de Wright, onde começou o *Endimião*, depois em Margate e Canterbury (maio). Em junho voltou a Hampstead, onde os irmãos estavam residindo. Em setembro dirigiu-se a Oxford com Benjamin Bailey, mais tarde religioso, que lá estudava. Esteve em Stratford-on-Avon, continuou a trabalhar no *Endimião* e em meados de outubro regressou a Hampstead. Em novembro terminou, em Surrey, o *Endimião*, e em dezembro jantou na casa de Haydon com Wordsworth e Lamb.

---

with toil,/ Rest for a space 'twixt Cairo and Decan?/ O may dark fancies err! they surely do;/ 'Tis ignorance that makes a barren waste/ Of all beyond itself, thou dost bedew/ Green rushes like our rivers, and dost taste/ The pleasant sun-rise, green isles hast thou too,/ And to the sea as happily dost haste.

INTRODUÇÃO
SONETOS INOVADORES

No ano seguinte, 1818, visitou várias vezes Wordsworth e seguiu as conferências de Hazlitt. Em fins de janeiro, escreveu o soneto "Se tenho medo" e em 19 de fevereiro enviou a Reynolds, em carta, "O que disse o tordo", belo soneto em versos brancos.[5] Keats, aliás, foi um experimentador consciente do soneto. Na carta-jornal a seu irmão George e à cunhada Georgiana, de inícios de 1819, dizia ele o seguinte:

> Tenho estado a tentar descobrir uma estrofe de soneto melhor do que a comum. A legítima não quadra bem à língua, por causa das rimas predatórias; a outra parece muito elegíaca, e dificilmente o dístico final tem efeito agradável.

Afirmava depois que não garantia ter tido êxito e copiou o soneto "On the Sonnet", com o esquema rimático *a-b-c-a-b-d-c-a-b-c-d-e-d-e* (3aa, 3bb, 3cc, 3dd, 3ee). O "Ozymandias" de Shelley é também experimental, com a ordem de rimas *a-b-a-b-a-c-d-c-e-d-e-f-e-f*.

Em março, Keats acompanhou Tom a Teigmouth no Devon. O irmão mais jovem expectorara sangue em janeiro. Keats começou a escrever "Isabella", poema tirado de um conto de Boccaccio, e produziu a "Epístola a John Hamilton Reynolds". *Endimião*, "*a poetic romance*", foi publicado em fins de abril por Taylor e Hassey. Terminou "Isabella". Em maio Keats regressou a Hampstead com Tom; e, estando melhor, partiu em junho com Charles Brown para uma visita à região dos Lagos e à Escócia. Acompanharam antes, até Liverpool, George e sua jovem mulher Georgiana, que haviam resolvido expatriar-se para os Estados Unidos, a fim de estabelecer-se em Kentucky.

Na viagem, tentou visitar Wordsworth em Rydal Mount, mas a família estava ausente. Partiu para a Escócia, onde

---

[5] Na Inglaterra os sonetos em versos brancos remontam a Spenser; e se diz que no Brasil, quando os primeiros foram publicados, isso foi tomado como ousadia do Modernismo!

escreveu "Meg Merrillies". Passou pela Irlanda. Sofrendo da garganta, voltou por mar, em agosto, e dia 18 chegava a Hampstead, onde encontrou Tom passando mal.

AS CRÍTICAS AO ENDIMIÃO

O mês de setembro de 1818 foi mau para Keats: recebeu ele, logo no dia 1º, como membro da escola "Cockney" (Hunt, Lamb, Hazlitt) virulenta crítica, a propósito do *Endimião*, do *Blackwood's Magazine*, órgão conservador de Wilson e Lockart. Por antipatia à posição liberal de Hunt, sobretudo, aconselhou a Keats que voltasse aos seus "emplastros, pílulas e unguentos", dizendo parecer melhor e mais ajuizado ser um boticário esfomeado do que um poeta faminto. No curso do mês, nova diatribe contra o *Endimião*, desta vez da *Quarterly Review*, de Edinburgo, também conservadora. Se esses ataques têm cunho político, a animadversão dos acomodados contra Keats têm também raízes estilísticas. O poeta não era dos que se adstringiam às regras neoclássicas, mas buscava a liberdade natural que via nos autores da época áurea da literatura inglesa. Keats não tolerava seguir a linha de Pope, vinculando-se muito mais ao "esmaltado e musical" que vinham de Spenser. Byron, adstrito a Pope, por isso mesmo farpearia Keats, como mais tarde proclamaria ao penitenciar-se. Reagindo a uma crítica de Francis Jeffrey na *Edinburgh Review* (1820), crítica elogiosa a Keats, chegou a expressar-se grosseiramente:

Nada mais sobre Keats, peço eu; esfolem-no vivo – se algum de vocês não o fizer, devo tirar-lhe a pele eu próprio. Não há como tolerar a salivante estupidez do homenzinho [*the drivelling idiotism of the manikin*].

Keats não era alto; como diz em uma de suas cartas, tinha cinco pés de altura; noutra, refere que alguém o havia chamado "*the little poet*", e comenta: "Ora, isso é abominável, também poderíamos chamar Bonaparte de '*quite the little*

INTRODUÇÃO

soldier'. Vocês veem o que é ter menos de seis pés e não ser lorde". Mais tarde, em carta a Shelley, de 26 de abril de 1821, pouco depois da morte de Keats, Byron se explicaria:

> Se eu soubesse que Keats estava morto – ou que estava vivo e era tão sensível, teria omitido algumas observações sobre sua poesia, para as quais fui provocado por seu ataque contra Pope e por minha desaprovação ao seu próprio modo de escrever.

Numa nota crítica, dá a mesma explicação de que se indignara com Keats por ter este desconsiderado Pope, e, embora mantenha restrições de corrente estilística, assevera expressamente que "o fragmento do 'Hiperíon' parece realmente inspirado pelos Titãs e é tão sublime quanto Ésquilo". Depois da morte de Keats, tanto Shelley como Byron atribuíram, respectivamente, no *Adonais* e no *Don Juan* (canto XI), seu passamento prematuro às críticas adversas que sofreu o *Endimião*, mas, como se pode ver pelas cartas do poeta, o autor não dera importância aos destemperos. Na verdade, não ignorava que o *Endimião* não era ainda a sua grande obra, mas sabia de sua força e acreditava no futuro. O *Endimião*, deveras, se ainda tinha defeitos de estrutura e se mostrava difuso, tinha trechos de grande poeta, num precurso do que viria a ser o de 1819. Um poema que começa com o verso "Tudo o que é belo é uma alegria para sempre"[6] e tem trechos como os do "Hino a Pã" não pode ser desconsiderado por quem quer que tenha alguma percepção poética. Não se deve ignorar, contudo, que em sua doença final, Keats se queixou das críticas negativas.

FANNY BRAWNE

No mês de setembro de 1818 começou a escrever "Hiperíon", desta vez sob a influência de Milton, que mais tarde renegaria, dizendo que Milton tentara acomodar uma língua do Norte ao grego e ao latim, sendo pois artificial; e que, se

---
[6] A thing of beauty is a joy for ever.

isso era bom para Milton, seria a morte para ele, Keats. No mês de novembro conheceu Fanny Brawne. Pelas cartas e obras de Keats, raras mulheres parecem havê-lo impressionado antes: uma moça que vira em Vauxhall, por um instante, à qual alude no soneto "Se tenho medo" e em outras duas composições. Mais tarde, em carta ao seu irmão George, referiu-se a uma anglo-indiana, Jane Cox, que não amava, mas que o deixara sem dormir uma noite, a pensar nela: tinha presença magnética, maneiras e olhos belos; não era uma Cleópatra, mas pelo menos uma Cármion. "Quando ela entra na sala, dá a impressão da beleza de uma pantera. [...] Gostaria que ela me arruinasse." Isso para não falar em Mrs. Isabella Jones, com quem teve pelo menos um leve romance em Hastings, em meados de 1817; vê-la-ia depois em 24 de outubro de 1818, em Bloomsbury, e depois disso noutras oportunidades, segundo Gittings.

Conheceu Fanny Brawne em Wentworth Place: Charles Brown, seu amigo, morava lá numa residência dupla, de que a outra parte era ocupada por Dilke. Durante sua viagem à Escócia, com Keats, Brown alugara sua metade a Mrs. Brawne, que depois se fixara em Hampstead e visitava frequentemente os Dilkes. Assim foi que Keats veio a relacionar-se com Fanny, filha de Mrs. Brawne; a moça tinha mais ou menos a sua altura, estampa e movimentos graciosos. O poeta concebeu por ela um amor às vezes atormentado, que o acompanhou até a morte. A afeição da jovem, a julgar pelas cartas que escreveu a Fanny Keats, parece ter sido sincera. Keats, segundo as aparências, tomou atitudes que deixaram a moça muito feliz no Natal, passado em casa dela. Mas só viriam a ter-se por noivos em outubro de 1819.

Nesse dezembro, escreveu "A fantasia" e "Bardos da paixão e da alegria".

O GRANDE ANO

O ano seguinte, 1819, é o grande ano de Keats, o ano em que produziu suas maiores obras, aquelas em razão das quais "ficou entre os poetas ingleses", ao atingir esplendorosa maturidade. Em janeiro escreveu "A véspera de santa Inês", poemeto que parece uma iluminura, de atmosfera encantada e colorida, medievalesca e rica. Dessa riqueza é exemplo a famosa estrofe 30:

> E ela continuava a dormir um sono de pálpebras
> [azul-celestes,
> No linho alvejado, liso e cheirando a alfazema,
> Enquanto ele trazia do cubículo uma porção
> De maçãs confeitadas, de marmelos, de ameixas
> [e cocombros;
> Com geleias mais brandas que a cremosa coalhada,
> E xaropes brilhantes, coloridos de canela;
> Maná e tâmara, vindos em grandes naus
> De Fez; e regalos condimentados, todos
> Procedentes da sedosa Samarcanda ou do cedroso
> [Líbano.[7]

Keats continuava a padecer da garganta, que o vinha incomodando pelo menos desde julho (em dezembro, zelado por ele, morrera Tom, de tuberculose). Em março, como se vê pela carta-jornal a George e Georgiana, escreveu o soneto "Por que esta noite eu ri?" e em abril encontrou-se com Coleridge em Hampstead, numa palestra frutuosa. Fez o soneto "Um sonho". No mês de abril, compôs "La Belle Dame sans Merci", os sonetos "Sobre a glória" e "Ao sono", assim

---

[7] And still she slept an azure-lidded sleep,/ In blanched line smooth, and lavender'd,/ While he from forth the closet brought a heap/ Of candied apple, quince, and plum, and gourd;/ With jellies soother than the cream curd,/ And lucent syrops, tinct with cinnamon;/ Manna and dates, in argosy transferred/ From Fez; and spiced dainties, every one,/ From silken Samarcand to cedar'd Lebanon.

como a "Ode a Psiquê". Em maio continuou a série das odes, conjetura Roberts Gittings que na seguinte ordem: "Ode sobre a indolência" (dia 3), "Ode sobre a melancolia", "Ode a um rouxinol" e "Ode sobre uma urna grega". Foi esse um tempo relativamente calmo, mas logo viriam complicações financeiras. A garganta não melhorava.

Em julho-setembro esteve na ilha de Wright, onde terminou a primeira parte de "Lamia", poema inspirado em Burton, que seguira Filóstrato, e cujo sortilégio afinal se dissipa, por obra de um sábio (Apolônio de Tiana). Começou a escrever, de parceria com Brown e visando a um possível lucro no teatro, a tragédia de "Oto, o Grande", que terminou em Winchester; pôs-se a estudar grego e italiano; em setembro completou "Lamia".

As dificuldades finaceiras se agravaram, pois George precisava de mais dinheiro, na América. Foi a Londres de passagem, para falar com Abbey, e voltou a Winchester, onde, no dia 19, escreveu a ode "Ao outono", com a qual encerrou a série das grandes odes. Leu *A divina comédia*, de Dante. Em outubro instalou-se em Westminster e foi ver Fanny. Escreveu o soneto "Partiu o dia". Voltou a morar com Brown em Hampstead (na outra parte da casa residiam então as Brawnes, e isso desde maio, quando se haviam mudado os Dilkes).

A DOENÇA

Em dezembro, sua saúde se abalou, e em 3 de fevereiro de 1820 teve uma hemoptise. Vendo o sangue arterial, percebeu, com seus conhecimentos médicos, que havia recebido sentença de morte. Propôs a Fanny devolver-lhe a palavra, o que a moça recusou. De fins de junho a meados de agosto, ficou perto de Laigh Hunt, ou mesmo na casa deste, tendo tido em julho nova hemoptise. Em 1º de julho, saiu publicado o seu grande livro *Lamia, Isabella, The Eve of St. Agnes and Other Poems* (Taylor e Hessey, Londres), inclusive "Hiperíon" e as odes, favoravelmente recebidos pela crítica. Shelley dirigiu-se a Keats, convidando-o a juntar-se a ele em Pisa, na Itália, mas Keats não aceitou. Em agosto, Mrs. Brawne o acolheu em Hampstead, onde o cuidou, junto com Fanny, até o enfermo ir para a Itália, em setembro, na companhia de Severn. Visava a evitar, em clima propício, os rigores do inverno. Depois de incidentes de viagem como ventos contrários e de quarentena em Nápoles, Keats e Severn em 15 de novembro chegaram a Roma, onde se instalaram precariamente na Piazza di Spagna. Nesse mesmo mês, em 30, Keats escreveu sua última carta a Brown. Sua doença progrediu rapidamente e logo Keats ficou em estado desesperador. Certa feita, afirmou que já sentia crescerem margaridas sobre ele. Pediu que fossem colocadas em seu caixão uma bolsa e uma carta (não aberta) de sua irmã Fanny, e uma carta, também não aberta, da noiva, cuja ausência não suportava. Posteriormente desistiu da carta da noiva, mas voltou atrás, e Severn afirma tê-la colocado no féretro. Keats não tinha força nem estado de espírito para ler cartas nos seus últimos tempos. Faleceu em 23 de fevereiro de 1821, às 11 horas da noite, e está sepultado no cemitério protestante de Roma, perto da pirâmide de Caius Cestius, afirma-se que num lindo lugar. Próximos dele iriam jazer no ano seguinte os restos de Shelley, que ao ser retirado do mar onde morrera afogado trazia num dos bolsos o livro de Keats.

A CARREIRA

Embora Keats lesse poetas estrangeiros como Dante, Ronsard ou Ariosto, foram os autores ingleses que mais marcaram sua formação, em especial três deles: Shakespeare, admiração permanente, e isso desde os tempos escolares, Spenser e Milton. Spenser é a grande influência inicial, Milton a que pesaria sobre "Hiperíon", poema, em versos brancos, de tom solene e grave, sobre a queda dos Titãs e sua substituição pelos deuses olímpicos. Há quem suponha que o poema esteja terminado, com a divinização de Apolo, mas parece que Keats quis dar a ideia de obra inconclusa e abandonada, tanto que, para impressão, deixou o último verso apenas iniciado. E retomou o assunto noutro poema, de fins de 1819, "The Fall of Hyperion – a dream", também inconcluso. De qualquer modo, Shelley e Byron tomavam o *Hiperíon* como a grande obra de Keats, não tendo considerado especialmente as odes.

A carreira de Keats, pode admitir-se que haja tido uma dupla linha: a primeira vai do *Endimião* aos dois poemas sobre Hiperíon; a segunda dos sonetos às odes. Sabe-se, com efeito, que Keats baseou no soneto as estrofes que imaginou para as odes – as quais, nem como forma, nem como conteúdo, devem coisa alguma aos seus antecessores, assinalam os críticos.[8] "Lamia" tem influência de Dryden na versificação e "A véspera de santa Inês" se insere na tradição spenseriana do *ut pictura poesis*, aliás horaciana.

As grandes odes são, na ordem de composição imaginada por Gittings, a "Ode a Psiquê", a "Ode sobre a indolência", a "Ode sobre a melancolia", a "Ode a um rouxinol", a "Ode sobre uma urna grega" e a ode "Ao outono" – todas de 1819, abril-setembro, as quatro centrais de maio. Os críticos separam-se na preferência quanto a essas odes: para citar alguns, Robert Bridges distinguia especialmente "Ao outono" (grande predileta, aliás, quando apareceu o volume, em 1820). T. S. Eliot a "Ode a Psiquê", Allen Tate a "Ode a um rouxinol".[9] A "Ode

---

[8] Lord Houghton, *Life and Letters of John Keats*, Londres, ed. de J. M. Dent, 1954 (a ed. original é de 1848), pp. 122 e ss., e o ensaio de D. W. Harding, "The Character of Literature from Blake to Byron", no vol. 5 de *The Pelican Guide of English Literature*, 1957, pp. 59 e ss., nos quais se vê que Byron também desconsiderava Wordsworth, por motivos estilísticos. Mas o facho inovador, no caso, não estava com ele, e sim com Wordsworth e Keats, entre outros. Byron só teria avançado, estilisticamente, com o coloquialismo de *Don Juan*.

[9] Allen Tate, *On the Limits of Poetry*, Nova York, The Swallow Press, 1948, pp. 168 e ss. Consta do capítulo "A Reading of Keats", pp. 165–184.

sobre uma urna grega", além de sua importância intrínseca, é também um dos textos mais vivos e controversos da literatura inglesa, uma espécie de *Hamlet* em miniatura. Isso principalmente por causa dos dois versos finais:

"A beleza é a verdade, a verdade a beleza"
[— é tudo
O que sabeis na terra, e tudo o que deveis
[saber.[10]

Para Roberts Bridges, esse dístico redime uma obra em si mesma não muito notável; para Quiller-Couch, constitui "*uneducated conclusion*", e para T. S. Eliot "uma séria mancha num belo poema". "Para alguns – acentua William Walsh – é sem sentido, para outros um dito da grandeza de um Novo Testamento ou de um Dante." São, como assinala C. M. Bowra,[11] diferenças de gosto, mas na verdade há um caso de interpretação não só no dístico final, como no início da ode e noutros pontos dela. T. S. Eliot esclarece que, se as linhas sobre beleza e verdade o impressionam como um defeito, isso se deve ao fato ou de ele não chegar a compreendê-las, ou de o juízo não ser verdadeiro. Middleton Murry, que defende as linhas, diz que, no contexto do poema, sua opinião não é muito diferente da de T. S. Eliot (ou de Garrod). Eliot afirmava que "*ripeness is all*" (a madureza é tudo), surge do texto shakesperiano dramaticamente, no *Rei Lear*, e portanto não propõe o mesmo problema que as linhas de Keats, as quais são pois uma intrusão. Esse argumento em favor do *Rei Lear*, assinala-o Cleanth Brooks,[12] também pode aplicar-se à ode.

---

[10] "Beauty is Truth, Truth Beauty" – that is all/ Ye know on earth, and all ye need to know.
[11] *The Romantic Imagination*, Londres, Oxford University Press, 1950, pp. 144 e ss. O capítulo VI é todo sobre a Ode (pp. 126–148).
[12] *The Well Wrought Urn*, Londres, Dennis Dobson, 1949, p. 140. O capítulo VIII do livro traz o título: "Keats' Sylvan Historian: History without Footnotes".

Quem fala é uma "silvestre historiadora", e supõe-se que uma historiadora diga a verdade; dado que essa verdade seja bela, está explicada a igualação final: "A silvestre historiadora toma uns poucos detalhes e ordena-os de modo que tenhamos não apenas beleza, mas compreensão da verdade essencial".

Certamente a única dificuldade não é essa: há quem entenda que a mancha não está na identificação, e sim nas palavras que a seguem, como logo mais veremos; ou distinga fraquezas, diante do conjunto, na terceira estrofe (Cleanth Brooks), ou no verso *"O Attic shape! Fair attitude! with brede"*[13] (p. 51), no qual o grecismo de exclamação, seguido de um arcaísmo inglês, é algo *"cockney"*, no dizer de William Empson,[14] que não concorda com a depreciação da terceira estrofe, para ele muito eficaz se ligada com a quarta.

O problema dos dois versos finais não é tão grande: sua interpretação e vinculação ao contexto podem ser perfeitamente defendidas, não só dramaticamente, no argumento de Cleanth Brooks, mas à luz do pensamento de Keats, como veremos. Para começar, há um problema textual. A igualação Beleza – Verdade é dita pela urna, mas o resto – "é tudo o que sabeis" etc. – por quem? Pela urna ou pelo poeta? O texto de 1820 dá "'A beleza é a verdade, a verdade a beleza' – é tudo" etc., com a igualação entre aspas. O autógrafo de Keats, bem como as cópias de seus amigos Brown, Woodhouse e Dilke, não traz essas aspas. O texto publicado em *Annais of Fine Arts*, em janeiro de 1820, não traz aspas, e sim ponto depois de Beauty. "É tudo" é uma sentença nova, começada com maiúscula. C. M. Bowra, que expõe essas divergências, conclui que a forma sem aspas, a do manuscrito, implica que as duas linhas são mensagem da urna; a segunda, com aspas, do princípio de 1820 – e que se supõe seja a vontade final de Keats, pode presumir que só cinco palavras são a mensagem da urna (*"Beauty is Truth, Truth Beauty"*), que Keats

---

[13] Ó forma ática! Atitude bela! com um entrelace.
[14] *The Structure of Complex Words*, Norfolk, New Directions, s.d., p. 374.

aprova e endossa com linguagem enfática.[15] Bowra, contudo, acha que mesmo neste caso os dois versos são da urna, pois isso decorre do "*ye*" (vós). Se fosse Keats a falar, diria "nós", mesmo porque linhas atrás falara em "outras dores, não das nossas".[16] São, pois, parte da mensagem da urna.

Há vários modos de interpretar os versos. Já se disse, por exemplo, que podem ter fundamento platônico – "o belo é o esplendor do verdadeiro" – ou aristotélico. Se o estagirita afirmou que a arte é a imitação da natureza, a arte é verdadeira, enquanto imitação do real; e também bela, enquanto a natureza for bela. No século XVIII, lembra-o Empson, o dr. Johnson elogiava Bonhours, "o qual mostrara que toda beleza depende da verdade" e por seu turno acentuava que "o legítimo fim da ficção é transmitir a verdade". Citam-se ainda, nos séculos XVII e XVIII, teóricos como Boileau – "*rien n'est beau que le vrai*"[17] – ou filósofos como Shaftesbury, para o qual "*all Beauty is Truth*".

Keats acreditava na equivalência de beleza e verdade, verdade significando "realidade", como já assinalava Garrod e salienta Bowra. Numa carta a Bailey, de novembro de 1817, gizava ele: "O que a Imaginação apreende como Beleza deve ser Verdade, preexistente ou não. [...] A Imaginação pode ser comparada ao sonho de Adão: este acordou e viu que era verdade". A Taylor, em janeiro de 1818, escrevia que ao elaborar o *Endimião* dera "passos regulares da imaginação em busca de uma verdade". Em carta a George e Georgiana, de fins de 1818, frisava: "Nunca tenho certeza de verdade alguma, a não ser percebendo claramente sua beleza". Antes, em 27 de outubro do mesmo ano, dizia a Woodhouse que tinha certeza de que escreveria por mera aspiração e apego

---

[15] William Walsh, "John Keats", em *From Blake to Byron*, cit., toma as palavras como claramente do poeta, sem cogitar sequer da hipótese contrária. Não vê defeito na identificação, mas sim nessas palavras (p. 238).

[16] other woe, than ours.

[17] Somente o verdadeiro é belo. [N. do E.]

ao belo, ainda que os seus trabalhos noturnos devessem ser queimados todas as manhãs.

Como todos esses trechos precederam a ode, não há como estranhar sua conclusão, arraigada no pensamento de Keats. Mesmo depois, em carta à noiva, incerto sobre o futuro de sua obra, asseveraria que "amara o princípio da beleza em todas as coisas".

INTENSIDADE

Outro conceito que Keats expende em suas cartas é o de intensidade. Em 21 de dezembro de 1817 escrevia a George e Georgiana que "a excelência de toda arte está em sua intensidade, capaz de fazer o desagradável ('*all desagreeables*') evaporar do estreito contato com Beleza e Verdade".

Pois bem, com base nessa "intensidade", às vezes força contida, e nessa "evaporação", talvez seja lícito supor que a primeira estrofe da "Ode sobre uma urna grega" não venha sendo totalmente bem interpretada. Assevera-se que nela se fala de um "bacanal" (Cleanth Brooks) e desse pensamento não parece estar muito distante C. M. Bowra, que a aproxima do "Hino à tristeza (ou canto da moça indiana)" do *Endimião*, portanto de cenas báquicas, e aduz que Keats viu cenas de orgias dionisíacas nos mármores gregos do Museu Britânico. Após salientar que Keats copiou em desenho (que subsiste em sua casa da Piazza di Spagna) a cena do sacrifício de um livro de F. e P. Piranesi, *Les Monuments Antiques du Musée Napoléon*, com gravuras de T. Piroli que reproduzem, no caso, um lado de vaso de Sosíbio existente no Louvre, Bowra aventura a suposição de que Keats possa ter visto num livro de Piranesi sobre vasos, candelabros etc. (1778) uma cena dionisíaca de dez figuras: "entre estas há algumas relevantes para a ode de Keats – um homem tocando flauta, uma mulher com um pandeiro, um homem quase nu agarrando um vestido de mulher ao persegui-la".

INTRODUÇÃO

Este segundo ponto já não se afigura tão cogente, pois é preciso supor.[18] Ora, o caminho, a nosso ver, é diverso; nele pensamos desde que lemos, pela primeira vez, o primeiro verso da ode: "Tu, ainda não violada noiva do repouso".[19]. No início da ode, como aponta William Walsh em seu ensaio sobre Keats, este apresenta a urna em três imagens sucessivas e diversas, como expressão de três tempos: a noiva recém-casada, do presente momentâneo; a criança, filha de criação do silêncio e do moroso tempo (não poderia ser filha simplesmente, já foi acentuado, porque silêncio e tempo são entidades muito antigas para procriarem), do possível e do futuro; a silvestre historiadora, do passado. A urna foi, é e será (quando tiver passado a "geração de agora"). Os dois primeiros versos, elucida Walsh, formam um primeiro termo para o violento contraste que é a base da primeira estrofe e a fonte do resto do poema. Claro que o contraste reside por um lado na quietude da urna, e por outro nas cenas de vida nela figuradas, das quais a primeira violenta.

Mas será tal cena puramente báquica? Qual a ligação entre a "ainda não violada noiva" e o resto da estrofe? Reza esta:

Tu, ainda não violada noiva do repouso,
Criança, de que o silêncio e o tardo tempo cuidam,
Silvestre historiadora, que assim podes exprimir
Um florido conto com maior doçura do que a nossa rima:
Que legenda franjada de folhagens te rodeia a forma
De divindades ou mortais, ou de umas e outros,
Pelo vale de Tempe ou nos da Arcádia?

---

[18] Ultimamente, cita-se como fonte do desenho de Keats não o livro de F. e P. Piranesi, mas outro, o de Henry Moses, *A Collection of Antique Vases, Altars, Paterae* (1814), mas isso não altera o fato de que Keats copiou figuras do vaso de Sosíbio. Há outras sugestões em matéria de vasos, como se vê em S. A. Larrabee, *English Bards and Greek Marbies*, Nova York, 1943, p. 210 e s.

[19] Thou, still unravish'd bride of quitness

Que homens são esses ou que deuses? Que virgens
[relutantes?

Doida perseguição! Que luta por fugir?
Que frautas e pandeiros? Que furor selvagem?

Óbvio que não é absurdo imaginar, com base nos últimos versos, uma cena de orgia báquica, mas que ligação terá ela com o primeiro verso? Este supõe um casamento, com a noiva ainda não violada por um raptor, em ato ou potência, o que não indica que afinal venha a ser estuprada. A que tentativa de violação estará Keats aludindo, ou melhor, referindo-se numa cadeia de alusões discretíssimas? Os versos, efetivamente, não declaram, não escondem nem revelam: indicam apenas, como no fragmento heraclítico. Não penso estar exagerando se precisar que Keats podia ter em mente a festa nupcial de Pirítoo, rei dos lápitas, com Hipodamia. Segundo a lenda, amplamente figurada na arte grega, como se vê em Pausânias, *Descrição da Grécia*, os centauros, convidados para essa festa nupcial, foram acomodados numa caverna protegida por árvores, diz Ovídio nas *Metamorfoses*, XII, 211–212: "*Nubigenasque feros positis ex ordine mensis/ Arboribus tecto discumbere iusserat antro*". Isso já explica a "legenda franjada de folhagens". Mas convém não esquecer que nos casamentos as portas das casas de noivo e noiva eram ornamentadas com festões de hera e louro, o que, como é claro, pode justificar a alusão. Ouviam-se himeneus na festa, segundo Ovídio, o que supõe canto, flautas (e cítaras) e dança. Em variante do v. 9 lê-se: "*What love? what dance?*" – o que combina com a cena nupcial, e menos bem com a báquica.

Os centauros embriagaram-se, e um deles, Euritião, agarrou a noiva pelos cabelos, pretendendo violentá-la. Outros centauros pegaram à força outras mulheres, inclusive virgens, pois estas podiam participar das festas nupciais, dos himeneus e dos epitalâmios, como se vê no *Escudo*, de Hesíodo,

INTRODUÇÃO

280, e em "O epitalâmio de Helena", de Teócrito. Como pegaram as moças contra a vontade destas, isso se traduz nas "virgens relutantes", isto é, que resistiam, a debater-se, na perseguição e na luta por fugir, da ode. Muitos dos agressores foram mortos pelos lápitas, chefiados por Pirítoo que contava com o auxílio de Teseu. Terá Keats conhecido essa lenda? Sem dúvida: a luta dos lápitas e centauros figurava no frontão sul do Partenon, e esses mármores foram levados para a Inglaterra por Lorde Elgin, passando depois para o Museu Britânico. Keats não só viu os mármores, como sobre eles escreveu dois sonetos dirigidos a Haydon. Foi mais de uma vez contemplá-los, e numa dessas vezes ficou enlevado a olhá-los por mais de uma hora: Severn não quis perturbá-lo, ao observar-lhe o entusiasmo.[20]

Como se vê, Keats afirma que o centauro será punido ao ouvir os alaúdes das núpcias. A referência parece óbvia ao casamento de Pirítoo. Este é – se se quiser tomar "florido" literalmente – o "florido conto" ou relato, pois no casamento havia um banquete, e no banquete, flores (Phillyl. *apud* Athen. IX). Em "Lamia", Parte II, Keats viria a referir-se mais tarde ao costume de levar a noiva de sua casa para a do noivo, precedida nas ruas por "flores espalhadas" (*strewn flowers*, v. 109). Depois, no banquete, ainda em "Lamia", trazem-se aos convivas grinaldas de flores: "*Garlands of every green and every scent/ From vales deflower'd*", vv. 215–216.

Keats viu "alaúdes" no *Endimião*, e vê-los-ia de novo nos versos de "Lamia" (II, 265); com maior rigor, aponta flautas e pandeiros festivos na estrofe inicial da ode.[21] Podia ver flautas

[20] Gilbert Highet, *The Classical Tradition*, Nova York, Galaxy, 1957, p. 416. Se isso não bastasse, temos os versos do *Endimião*, IV, 597 e ss.: The Centaur's arrow ready seems to pierce/ Some enemy: far forth his bow is bent/ Into the blue heaven. He'll be shent,/ Pale unrelentor,/ When he shall hear the wedding lutes a playing.
[21] Para a associação "flautas e pandeiros", Keats pode estar-se lembrando da *Eneida*, IX, 619. Não é de supor uma simples cena báquica, uma vez que o poeta fala em "*legend*" (lenda), o que também exclui um casamento com

e cítaras e, se quisesse, umas e outras tocadas por mulheres; e os pandeiros não estão ausentes de vasos gregos com cenas de banquete.[22]

O "furor selvagem" é o da embriaguez, com os centauros fora de si, obcecados pelo desejo de violentar as mulheres. Resta explicar os versos: "De divindades ou mortais, ou de umas e outras,/ Pelo vale de Tempe ou nos da Arcádia?".[23] Como se sabe, Keats traduziu a *Eneida*, em prosa, na aurora de sua carreira de poeta. Pois bem, na *Eneida*, VII, 304 e ss., Virgílio diz que Marte arruinou a nação dos lápitas e indaga que crime haviam praticado para isso esses lápitas. As glosas, possivelmente baseadas em Sérvio, esclarecem que Pirítoo havia convidado os deuses para o seu casamento, com exceção de Marte e da Discórdia. A própria presença de Apolo no frontão de Olímpia é hoje um atestado vivo dessa versão. Daí a ira de Marte, e daí a posterior derrota dos lápitas. Explica-se portanto a indagação de Keats sobre deuses ou homens ou sobre uns e outros. Não seria fácil distingui-los; na "Ode sobre a indolência", Keats assevera que o não reconhecimento de figuras em vasos gregos pode ocorrer mesmo com doutos "no saber de Fídias". E tanto isso é exato que mesmo para esculturas podem surgir pareceres divergentes: por exemplo, o Apolo (como hoje se crê) do frontão de Olímpia já foi considerado Pirítoo por Pausânias (Élis, 1, 10.8).

Restaria elucidar a citação de Tempe. Trata-se de um vale famoso da Tessália,[24] entre o Olimpo e o Ossa, percorrido

rapto, à espartana. Deve estar claro, em todo o articulado, que tomei como implícita, no verso 1, uma tentativa de rapto e violação por um terceiro. Supor que o noivo, o "repouso", viole, parece-me um pouco forte para o marido, e um pouco forte para o repouso. Na superfície, o v. 1 deve significar que a urna não está trincada ou rachada, e além disso permanece imóvel.

[22] Cf. Millin, *Peintures des Vases Antiques*, II, p. 58

[23] Of deities or mortals, or of both,/ In Tempe or the dales of Arcady.

[24] Vide E. R. Curtius, *Literatura Europeia e Idade Média Latina*, Rio de Janeiro, 1957 (trad. de Teodoro Cabral e Paulo Rónai), pp. 205 e s.

pelo rio Peneu, que ao fim dele se atira ao mar. Teócrito o cita, e citam-no poetas latinos como Virgílio, Horácio, Ovídio. Para a menção, encontro algumas hipóteses: a primeira é ter Keats lido, em algum dos mitólogos que frequentava, a indicação de que os lápitas e os centauros viviam na Tessália: ora, Tempe se situava na Tessália. A segunda hipótese é mais precisa: Keats pode ter lido que Pirítoo reinava sobre seu povo na foz do rio Peneu, como ainda hoje leio em Robert Graves:[25] portanto o casamento se processara no vale de Tempe. Ou que os lápitas habitavam no Pindo, no Pélion e no Ossa: ora, falar em Ossa é falar em Tempe. Finalmente, como esclarece Curtius, Tempe era citado como símbolo de um lugar ameno, valendo portanto para qualquer sítio agradável, sem especificidade geográfica, o que, no caso de Keats, explicaria também a citação à Arcádia, região privilegiada a partir de Virgílio, com passagem pelo Renascimento, até o Neoclassicismo. Tempe ou Arcádia, usados idealmente, conviriam a núpcias campestres.

Outra hipótese para Arcádia seria vinculá-la ainda a Teseu e Pirítoo, mas noutra aventura, a do rapto de Helena. Os dois arrebataram-na quando dançava no templo de Ártemis Órtia e fugiram, tendo sido perseguidos até Tégea, na Arcádia. Tiraram a sorte e Helena caiu para Teseu, mas, como ainda não era núbil, foi entregue à guarda de Etra, mãe de Teseu, e a Afiadno. Essa história, que consta de Plutarco (*Vidas*, Teseu, XXX), pode esclarecer não só a referência aos vales da Arcádia, uma vez que Tégea se situava nessa região, como ainda, com um pouco de boa vontade, a "*foster-child*" do segundo verso, cuidada que Helena foi – ainda menina – por Etra e Afiadno. Ainda mais: Afiadno deve ter sugerido o "silêncio" nesse verso, pois foi proibido por Teseu de falar, diz Plutarco; e Etra o "tardo tempo", porque já era de idade

---

[25] *The Greek Myths*, Penguin, 1953, vol. 1, p. 360.

avançada, se Teseu, filho dela, a essa altura tinha cinquenta anos, como registra Plutarco.

Dir-se-á que Keats, na ode, não mostra sombra de centauros; de fato não, e aí está uma comprovação de sua teoria da intensidade; figuras bestiais, desagradáveis, por isso mesmo são apenas pensadas, não citadas nem aludidas. "Evaporam-se" do texto.

As urnas gregas de mármore tinham uma só cena, e assim uma delas surge na "Ode sobre a indolência"; mas, como se dá com os vasos de figuras negras ou vermelhas do período clássico, que tinham pintadas duas cenas, afirma-se que a urna grega de Keats também só ostenta duas cenas. Se for assim, o flautista da segunda e terceira estrofes vincula-se a alguma virgem da primeira estrofe, ou então da quarta. Se é exata a primeira opção, a uma cena violenta segue-se um pormenor idílico, com um moço, provavelmente mais afastado, aproveitando o himeneu para se aproximar da jovem. O conflito, na verdade, começa na caverna. Assim, não terá chegado ainda ao jovem e à moça.

Essa interpretação, contudo, parece menos aceitável do que ligar o casal à segunda cena, a do sacrifício. No artigo de 2 de maio de 1819 em que Haydon discorre sobre *O sacrifício de Listra*, de Rafael, no *Examiner*, há um nexo entre um flautista e o sacrifício. "No sacrifício especial deste cartão" – escreve Robert Gittings (*John Keats*, ed. de 1979, p. 465) – "ele (Haydon) chama a atenção para a figura do rapaz a tocar flauta, inteiramente absorto na harmonia de sua música". A descrição por Haydon de um sacrifício grego oferece estreitos paralelos com a estrofe de Keats, desde a novilha engrinaldada até as multidões procedentes da cidade, com todas as classes participando do ato ritual.

ODE A UM ROUXINOL

A "Ode a um rouxinol" foi composta quando Keats residia com Brown após a morte de Tom, em Wentworth Place,

INTRODUÇÃO

Hampstead. Conta Brown – e Lord Houghton o transmite – que foi assim sugerida:

> Pelo contínuo canto do pássaro que, na primavera de 1819, tinha feito o ninho junto da casa, e que frequentemente lançava Keats numa espécie de transporte de tranquilo prazer. Certa manhã, ele pegou sua cadeira da mesa de desjejum, colocou-a no gramado sob uma ameixeira e sentou-se lá por duas ou três horas com algumas tiras de papel nas mãos. Logo depois, Brown viu-o pondo-os à parte, como papel usado, atrás de alguns livros, e teve considerável dificuldade para reunir e arranjar as estâncias da ode.

Essa narrativa, pelo menos na parte final, vem sendo tomada ultimamente como confusão de Brown. A "Ode sobre a indolência" é que tem original atrapalhado, não a "Ode a um rouxinol" (de ambas sobraram-nos os manuscritos). Este poema também é objeto de controvérsia, porém mais limitada ao sentido da miraculosa sétima estrofe. Sem falar na objeção pedestre de que não se pode concordar com a imortalidade do pássaro, pois contradiz a realidade, outras há, como a do biógrafo Colvin, à qual se refere Jorge Luis Borges,[26] transcrevendo-a:

> Com um erro de lógica que, em seu parecer, é também uma falha poética, Keats opõe à fugacidade da vida humana, pela qual entende a vida do indivíduo, a permanência da vida do pássaro, pela qual entende a vida da espécie.

Borges esclarece que Bridges e F. R. Leavis aprovaram a denúncia e que Garrod, por ter Keats chamado o rouxinol de Dríade, divindade dos bosques.[27] Amy Lowell, continua Borges, escreveu com maior acerto que Keats não se refere ao rouxinol que canta nesse momento, mas à espécie. Para Allen

---

[26] *Otras inquisiciones*, Buenos Aires, Emecé, 1960, pp. 49 e ss.
[27] O argumento é cândido: as Dríades eram mortais. Basta ver que Eurídice morreu, e Eurídice era Dríade. "Enfim as Ninfas ligadas aos prados e às florestas, ou a árvores isoladas como as Dríades ou Hamadríades, 'as Ninfas dos carvalhos', eram ainda menos eternas: morriam ao mesmo tempo que seu carvalho." Kerényi, *La Mythologie de Grecs*, Paris, Payot, 1952, p. 177.

Tate, acrescentamos nós, o pássaro, enquanto pássaro participa da mortalidade do mundo; como símbolo, transcende-a. Mário Praz nota, a propósito da estrofe, que "o exotista é dotado de uma espécie de intuição metafísica que discerne, por trás das complexas aparências exteriores das coisas, a permanência de uma essência única".[28] Para Borges, Keats, que não era filósofo, prenuncia aqui Schopenhauer, que, em *O mundo como vontade e representação*, escreveu o seguinte:

Perguntemo-nos com sinceridade se a andorinha deste verão não é a do primeiro e se realmente entre as duas o milagre de tirar alguma coisa do nada ocorreu milhões de vezes para ser burlado outras tantas pela aniquilação absoluta. Quem me ouvir assegurar que esse gato que está brincando aí é o mesmo que se divertia e se recreava nesse lugar há trezentos anos pensará de mim o que quiser, mas loucura mais estranha é imaginar que fundamentalmente é outra coisa.

Acrescenta Borges que isso significa que o indivíduo é de algum modo a espécie, e o rouxinol de Keats é também o rouxinol de Rute.

AS OUTRAS ODES

Sobre a "Ode a Psiquê",[29] Keats, na carta-jornal, afirma tê-la escrito devagar:

Penso que ela exprime mais ricamente por isso, e encorajar-me-á, espero, a escrever outras coisas com espírito ainda mais pacífico e saudável. Vocês devem se lembrar de que Psiquê não foi personificada como deusa antes do tempo de Apuleio, o platônico, que viveu depois da idade de Augusto, e consequentemente a deusa nunca foi cultuada ou recebeu sacrifícios com coisa alguma do antigo zelo e talvez nela nunca se tenha pensado na antiga religião: sou muito ortodoxo para deixar uma deusa pagã assim negligenciada.

---

[28] Op. cit., p. 202.
[29] A forma correta em português é Psique, mas Psiquê é talvez corrente por influência francesa, admite-o Antenor Nascentes. O *Vocabulário ortográfico da língua portuguesa* (1981) consigna a variante, assim legitimada.

INTRODUÇÃO

Os versos apresentam uma série de epítetos compostos, algum dos quais pode levar a interpretações divergentes. Como já se viu, era a ode preferida por T. S. Eliot.

A "Ode sobre a melancolia" tem expressões tipicamente keatsianas, como o *"death-moth"* (falena-da-morte), e, ao ver de William Empson,[30] martela juntas as sensações de alegria e tristeza, até que combinem em sexualidade. Muitos de seus vocábulos são ambíguos, como *"cloudy"* (nublados), no último verso. Os trofeus são nublados, adianta Empson, porque vagos e débeis com a intensidade e o caráter intrigante da fusão *"joy-melancholy"*, ou porque já mortos, ou porque, embora preservados em verso, irrecuperáveis. A ideia expressa no poema também foi externada por Baudelaire, que assegura ser a melancolia inseparável do sentimento do belo. Keats, aliás, tem outros pontos de contato com Baudelaire.

A "Ode sobre a indolência", nem sempre considerada do mesmo nível das outras, tem uma espécie de aviso ou precurso na carta-jornal: salientava Keats que Poesia, Ambição e Amor, ao passarem por ele, semelhavam três figuras num vaso grego. A ode, que versa justamente sobre isso, não apresenta ambiguidades marcantes nem a força da "Ode sobre uma urna grega".

Na ode "Ao outono", finalmente, considera-se que Keats atingiu a completa maturidade de seu estilo; e, ainda mais, como assinala Walsh, um tanto retoricamente: "Neste poema a maturidade é alcançada e transcendida. O poema de Keats autoriza-nos a dizer que aqui a maturidade se transformou em sabedoria". Para quem lê o poema pela primeira vez, as personificações da segunda estrofe surpreendem e abalam, inseparadas que são. A última estrofe é de uma riqueza calma, pinturesca e musical, que nem o melhor Parnasianismo viria superar. Para muitos críticos, essa ode é o suprassumo da arte de Keats, embora não a mais importante, embora com

---

[30] *Seven Types of Ambiguity*, New Directions, 1949 (reimpressão da 2º edição), p. 214.

todas elas Keats se tenha demonstrado um "gênio da primeira ordem" (Walsh).

CAPACIDADE NEGATIVA E OUTROS PONTOS

Algumas partes da teoria poética de Keats, além da equação beleza-verdade e do princípio da intensidade, aos quais já nos referimos, merecem referência. Entre eles, o da "capacidade negativa" (*negative capability*), exposto em carta de 22 de dezembro de 1817:

Várias coisas se encaixam em minha mente, e de repente me ocorreu que qualidade contribuía para formar um homem realizado, especialmente em literatura, e que Shakespeare possuía tão desmesuradamente – quero dizer, a capacidade negativa, isto é, quando um homem é capaz de manter-se em incertezas, mistérios, dúvidas, sem nenhuma impaciente procura do fato e da razão. [...] Num grande poeta o senso de beleza sobrepuja qualquer outra consideração, ou antes oblitera toda consideração.

Keats, assim, queria a sensação, e talvez o inefável, em vez da solução racional, adotada por outros poetas.

Outro princípio é o de esvaziamento da personalidade para ocupar o objeto de que o poeta estiver cuidando, o que equivale, mais simplesmente, a uma postura dramática. Lê-se em carta de 27 de outubro de 1818, a Woodhouse:

Quanto à personalidade poética em si (quero dizer essa espécie à qual pertenço, se sou alguma coisa; essa espécie diversa do sublime wordsworthiano ou egotístico...), ela não é ela própria – ela não tem eu – é tudo e é nada – não tem personalidade – aprecia a luz e a sombra – vive no prazer, seja ela má ou boa, alta ou baixa, rica ou pobre, vil ou nobre – tem deleite igual ao conceber um Iago ou uma Imogênia. O que choca o filósofo virtuoso deleita o poeta camaleão. [...] O poeta é o mais impoético de tudo o que existe, porque não tem identidade; continuamente adentra e enche outro corpo. O sol, a lua, o mar e os homens e mulheres, que são criaturas de impulso, são poéticos e têm um atributo imutável; o poeta não tem nenhum, nenhuma identidade. É certamente a mais impoética de todas as criaturas de Deus.

Nesse mesmo ano, mas antes (em fevereiro), Keats afirmara a Taylor, em carta, que seguia três axiomas em sua poesia:

1. achava que a poesia deveria surpreender por um fino excesso, e não pela simplicidade; deveria atingir o leitor como expressão de seus próprios e mais altos pensamentos e parecer quase uma lembrança;

2. seus traços de beleza não deveriam ser incompletos, deixando assim o leitor sem respiração, em vez de satisfeito. O nascimento, o progresso, o ocaso das imagens deveriam, como o sol, vir-lhe naturalmente, brilhar sobre ela e pôr-se calmamente, embora com esplendor, deixando-o no fausto do crepúsculo;

3. se a poesia não viesse naturalmente como as folhas à árvore, seria melhor não vir absolutamente.

É claro que esses tópicos não esgotam o pensamento de Keats, mas são os mais significativos de que nos podemos recordar.

A TRADUÇÃO

Traduzimos para esse volume bilíngue todas as grande odes, as baladas "La Belle Dame sans Merci" e "Meg Merrilies", algumas poesias avulsas, vários sonetos e trechos famosos do *Endimião*, bem como do "Hiperíon". Já havíamos publicado traduções de quatro das odes em *Poetas de Inglaterra* (São Paulo, Conselho Estadual de Cultura, 1970), mas sujeitamos esses esboços a severa revisão, e completamos o resultado com a tradução da "Ode sobre a indolência" e da ode "Ao outono". O primeiro grupo foi traduzido sem rima, em versos flutuantes de andamento binário, de seis a vinte sílabas ("A

Psiquê", "A um rouxinol", "Sobre uma urna grega", "Sobre a melancolia"), e o segundo grupo, de implicações menos intrincadas, em dodecassílabos de andamento também binário (senários iâmbicos acentuais). Alguns poemas avulsos, de medida menor do que o pentâmetro iâmbico, em Keats, foram traduzidos em decassílabos brancos; os excertos dos poemas longos, em dodecassílabos, também brancos; as baladas foram traduzidas em versos rimados, assim como os sonetos.

O nosso desejo foi captar o mais fielmente possível o pensamento e as imagens de Keats, horizonte não facilmente atingível e mesmo incerto algumas vezes, ou devido a dificuldades do original, ou ao nosso modo de entendê-lo. De qualquer modo, nosso texto servirá de introdução a Keats.

Temos plena consciência de que trabalhamos com a obra de um poeta encantador, que de súbito se transfez em gênio, "fonte de inesgotável poesia". Acontece que praticamos esse poeta desde a nossa mocidade, e assim é com humildade e reverência que apresentamos ao leitor o fruto de nosso trabalho e de nossa devoção. Não seja ele indigno daquele que tem o nome escrito não na água, como supôs, e sim no fogo vivo de nossa dolorida simpatia.

***

O texto inglês segue o das edições originais: *Poems*, Londres, C. & J. Olliver 1817; *Lamia, Isabella, The Eve of St. Agnes and Other Poems*, Londres, Taylor e Hessey, 1820 (os quais vi em *The Noel Douglas Replics*, Londres 1927.) Os demais poemas seguem o texto de H. Buxton Forman (Oxford, 1950), confrontado com John Barnard, 1980.

ODE SOBRE A MELANCOLIA
E OUTROS POEMAS

LA BELLE DAME SANS MERCI

Ah, what can ail thee, wretched wight,
    Alone and palely loitering;
The sedge is wither'd from the lake,
    And no birds sing.

Ah, what can ail thee, wretched wight,
    So haggard and so woe-begone?
The squirrel's granary is full,
    And the harvest's done.

I see a lily on thy brow,
    With anguish moist and fever dew;
And on thy cheek a fading rose
    Fast withereth too.

LA BELLE DAME SANS MERCI*

Ah! que pode afligir-te, infortunado,
   Que assim vagueias pálido e sozinho?
O junco à beira-lago já secou;
   Não canta um passarinho.

Ah! que pode afligir-te, infortunado,
   De feição macilenta e assim desfeita?
O celeiro do esquilo está repleto,
   E finda está a colheita.

Um lírio nessa testa eu bem o vejo,
   De suor de febre e de aflição molhado;
E uma rosa que murcha em tua face
   Logo terá secado.

---

*Poema dos mais célebres da literatura inglesa, básico para os pré-rafaelitas, foi escrito em abril de 1819 e revisto em 1820. A primeira versão consta de uma carta-jornal a George e Georgiana Keats e foi publicado por Colvin no *Macmillan's Magazine* de agosto de 1888; a segunda, no *Indicator* de 10 de maio de 1820, com uma nota de Leigh Hunt. Adotamos a versão revista, embora a primitiva tenha variantes preferidas por alguns, como "knight at arms" em vez de "wretched wight". E assim outras. A expressão "la belle dame sans merci" já havia sido usada por Keats na "Véspera de santa Inês", XXXIII, para denominar uma "cantiga de Provença". Embora o título remonte ao de um diálogo de Alain Chartier (1385–1433), Keats parece tê-lo colhido num poema do século XV, de Sir Richard Ros, que ele viu na coleção *The Works of English Poets from Chaucer to Cowper* (1810). Muitas fontes, entre as quais Spenser, Wordsworth e Coleridge, têm sido citadas para explicar o poema ou versos dele. Amy Lowell apontou trechos do Paimyrin of England que apresentam analogias de situação com a balada e ofereceram talvez algumas sugestões a Keats (que leu o romance com avidez, sabe-se): há por exemplo uma descrição de reis e príncipes embalsamados, num templo mortuário da Ilha Perigosa. Outros, como Middleton Murry, pensam no Canto V do Inferno para esses reis e príncipes. Tem sido vista na "belle dame" uma transposição da noiva, Fanny Brawne, e até da arquetípica deusa branca (vide Robert Graves, *The White Goddess*, cap. 24, onde também conclui que a "belle dame" representa para Keats o Amor, a Morte por consunção e a Poesia).

I met a lady in the meads
    Full beautiful, a faery's child;
Her hair was long, her foot was light,
    And her eyes were wild.

I set her on my pacing steed,
    And nothing else saw all day long;
For sideways would she lean, and sing
    A faery's song.

I made a garland for her head,
    And bracelets too, and fragrant zone;
She look'd at me as she did love,
    And made sweet moan.

She found me roots of relish sweet,
    And honey wild, and manna dew;
And sure in language strange she said,
    I love thee true.

She took me to her elfin grot,
    And there she gaz'd and sighed deep,
And there I shut her wild sad eyes –
    So kiss'd to sleep.

And there we slumber'd on the moss,
    And there I dream'd, ah woe betide,
The latest dream I ever dream'd
    On the cold hill side.

I saw pale kings, and princes too,
    Pale warriors, death-pale were they all;
Who cry'd – "La belle Dame sans merci
    Hath thee in thrall!"

Uma dama nos prados encontrei,
    Todo-formosa, filha de uma fada:
A cabeleira longa, os pés ligeiros,
    A vista descuidada.

Tomei-a em meu corcel de passo lento,
    E o dia inteiro nada mais vi, não;
Pois pendida de lado ela cantava
    De fada uma canção.

Eu fiz-lhe uma grinalda para a fronte,
    E pulseiras e um cinto redolente;
Ela me olhou com ar de quem amasse,
    Gemendo suavemente.

Procurou para mim raízes doces,
    Orvalho de maná e mel do mato;
E numa língua estranha murmurou:
    "Eu amo-te de fato".

Levou-me para a sua gruta mágica,
    E com suspiros fundos me fitou;
Fechei-lhe os olhos tristes, descuidados,
    – Meu beijo a acalentou.

Na gruta, sobre o musgo, nós dormimos,
    E ali sonhei – que triste a minha sina! –
O último sonho que haja eu sonhado
    No frio da colina.

Guerreiros, e reis pálidos, e príncipes,
    Todos, de morte pálidos, eu vi,
E me diziam: – "Pôs-te em cativeiro
    La belle Dame sans merci".

---

19 os olhos tristes, descuidados,]
wild eyes, olhos desatentos,
distraídos, vagos.

I saw their starv'd lips in the gloam
    With horrid warning gaped wide,
And I awoke, and found me here
    On the cold hill side.

And this is why I sojourn here
    Alone and palely loitering,
Though the sedge is wither'd from the lake,
    And no birds sing.

Com o negro aviso, seus famintos lábios
    Vi escancarar-se à sombra vespertina;
E despertando me encontrei aqui,
    No frio da colina.

E este é o motivo pelo qual eu me acho
    Aqui, vagando pálido e sozinho,
Malgrado, seco o junco à beira-lago,
    Não cante um passarinho.

ODE ON A GRECIAN URN

Thou still unravish'd bride of quietness,
   Thou foster-child of silence and slow time,
Sylvan historian, who canst thus express
   A flowery tale more sweetly than our rhyme:
What leaf-fring'd legend haunts about thy shape
   Of deities or mortals, or of both,
     In Tempe or the dales of Arcady?
   What men or gods are these? What maidens loth?
What mad pursuit? What struggle to escape?
     What pipes and timbrels? What wild ecstasy?

Heard melodies are sweet, but those unheard
   Are sweeter; therefore, ye soft pipes, play on;
Not to the sensual ear, but, more endear'd,
   Pipe to the spirit ditties of no tone:
Fair youth, beneath the trees, thou canst not leave
   Thy song, nor ever can those trees be bare;
     Bold Lover, never, never canst thou kiss,
Though winning near the goal – yet, do not grieve;
   She cannot fade, though thou hast not thy bliss,
     For ever wilt thou love, and she be fair!

ODE SOBRE UMA URNA GREGA[*] | 47

Tu, ainda não violada noiva do repouso,
   Criança, de que o silêncio e o tardo tempo cuidam,
Silvestre historiadora, que assim podes exprimir
   Um florido conto com maior doçura do que a nossa rima:
Que legenda franjada de folhagens te rodeia a forma 5
   De divindades ou mortais, ou de umas e outros,
      Pelo vale de Tempe ou nos da Arcádia?
   Que homens são esses ou que deuses? Que virgens
                        relutantes?
Doida perseguição! Que luta por fugir?
   Que frautas e pandeiros? Que furor selvagem? 10

É doce a melodia que se escuta; mais ainda,
   Aquela que não se ouve; soai pois, ó brandas frautas;
Não para o ouvido material, porém mais gratas
   Tocai-nos para o espírito árias insonoras:
Formoso jovem sob as árvores, não podes mais cessar 15
   Tua canção, nem estas árvores despir-se;
     Jamais, jamais, afoito amante, podes tu beijar,
Embora próximo da meta – entanto não te aflijas;
   Ela não pode se fanar: se não alcanças teu prazer,
     Para sempre a amarás e ela será formosa! 20

   [*] As discussões sobre a ode, geralmente tomada como escrita em maio de 1819, reportam-se ao texto, ao sentido, ao valor estético. Quanto ao texto e ao valor estético do dístico final, vide a "Introdução". Quanto ao sentido, é aparentemente paradoxal: cenas de violência e de vida são representadas, com suspensão do tempo, numa urna que viaja do passado ao futuro, e é contudo repousada e silenciosa. A urna é bela e apresenta cenas em que se imagina a realidade, ou seja, cenas verdadeiras enquanto representação da vida a que se referem. Daí a antimetábole final e a lição de vida que a urna propõe como óbvia: a beleza é a verdade, o real, com os elementos desagradáveis "evaporados".

10 furor selvagem?] *ecstasy: the state of being beside oneself with* (...) *passion* (Dic. de Oxford).

Furor: violência de qualquer paixão, que ofusca a razão (Dic. de Fr. Domingos Vieira).

Ah, happy, happy boughs! that cannot shed
   Your leaves, nor ever bid the Spring adieu;
And, happy melodist, unwearied,
   For ever piping songs for ever new;
More happy love! more happy, happy love!
   For ever warm and still to be enjoy'd,
      For ever panting, and for ever young;
All breathing human passion far above,
   That leaves a heart high-sorrowful and cloy'd,
      A burning forehead, and a parching tongue.

Who are these coming to the sacrifice?
   To what green altar, O mysterious priest,
Lead'st thou that heifer lowing at the skies,
   And all her silken flanks with garlands drest?
What little town by river or sea shore,
   Or mountain-built with peaceful citadel,
      Is emptied of this folk, this pious morn?
And, little town, thy streets for evermore
   Will silent be; and not a soul to tell
      Why thou art desolate, can e'er return.

Felizes, ah! felizes ramos! não podeis perder | 49
　As vossas folhas, nem dizer adeus à primavera;
Melodista feliz, infatigável,
　Para sempre a modular cantigas para sempre novas;
Oh mais feliz amor! oh mais feliz, feliz amor! 5
　Ardendo para sempre e sempre a ser fruído,
　　Arfando para sempre e para sempre jovem!
Amor acima da paixão dos homens que respiram,
　Essa que deixa o coração desconsolado e farto,
　　A testa em fogo e ressequida a língua. 10

Quem serão estes que estão vindo para o sacrifício?
　Para que verde altar conduzes, misterioso sacerdote,
Esta novilha que levanta para os céus o seu mugido,
　Tendo os sedosos flancos revestidos por guirlandas?
Que pequenina urbe junto ao rio ou mar 15
　Ou construída em montanha, com tranquila cidadela,
　　Por esta gente é abandonada, esta manhã piedosa?
Cidadezinha, para sempre tuas ruas ficarão silentes,
　Nem alma alguma voltará jamais para dizer
　　Por que razão está desabitada. 20

8 paixão dos homens que respiram,] Ensinava Hazlitt em 1818 que as estátuas gregas são mármore para o tacto e para o coração, e que em sua perfeita excelência surgem como autossuficientes. "Por sua beleza se elevam acima das fragilidades da paixão ou do sofrimento." No *Examiner* de 9 de maio de 1819, escrevia Haydon que Rafael "parecia desdenhar a imitação de criaturas fracas a ponto de cederem à paixão".
11-14 Quem...guirlandas?] A descrição de um sacrifício grego surge também em "To J. H. Reynolds, Esq.", 20 e ss., com versos semelhantes a estes. O touro levado para o sacrifício no frontão sul do Partenon deve ter fornecido o pormenor da novilha a Keats ("mármores de Elgin"). A passagem, como um todo, parece dever aos quadros de Claude Lorrain, notadamente à sua *Vista de Delfos com uma procissão* e *Paisagem com o pai de Psiquē sacrificando no templo Milésio de Apolo*.
17-20 Por esta...desabitada.] No festival da Hiacíntia, Keats pode ter lido em Lemprière, "todos desejavam comparecer aos jogos, e a cidade ficava quase desolada, sem habitantes".

O Attic shape! Fair attitude! with brede
　　Of marble men and maidens overwrought,
With forest branches and the trodden weed;
　　Thou, silent form, dost tease us out of thought
As doth eternity: Cold Pastoral!
　　When old age shall this generation waste,
　　　　Thou shalt remain, in midst of other woe
Than ours, a friend to man, to whom thou say'st,
　　"Beauty is truth, truth beauty,"– that is all
　　　　Ye know on earth, and all ye need to know.

Ó forma ática! Atitude bela! com um entrelace
　　De virgens e varões de mármore a cercar-te,
Com ramos de floresta e com pisadas ervas,
　　Tu, forma silenciosa! como a eternidade
Além do pensamento nos perturbas: fria pastoral! 5
　　Quando a velhice destruir a geração de agora,
　　　　Tu permanecerás, no meio de outras dores,
Não das nossas, amiga do homem, a quem dizes:
　　"A beleza é a verdade, a verdade a beleza" – é tudo
　　　　O que sabeis na terra, e tudo o que deveis saber. 10

---

5 fria pastoral!] A urna, sendo bela, era fria e inumana. Vide a nota ao v. 8 da página 49. Pastoral se liga a "silvestre", "Tempe", "Arcádia".

HYPERION (I, 72–8)

    As when upon a tranced summer night
Those green-ro'd senators of might woods
Tall oaks, branch-charmed by the earnest stars,
Dream, and so dream all night without a stir,
Save from one gradual solitary gust
Which comes upon the silence, and dies off,
As if the ebbing air had but one wave;
So came these words and went; the while in tears
She touch'd her fair large forehead to the ground,
Just where her falling hair might be outspread
A soft and silken mat for Saturn's feet.
One moon, with alteration slow, had shed
Her silver seasons four upon the night,
And still these two were postured motionless,
Like natural sculpture in cathedral cavern;
The frozen God still couchant on the earth,
And the sad Goddess weeping at his feet:

HIPERÍON (I, 72-88)[*]

Tal como, em extasiada noite de verão,
Senadores de toga verde das florestas,
Os soberbos carvalhos, ramas encantadas
Pelas estrelas graves, sonham toda noite
Sem mexer a folhagem, a não ser apenas
Ante o sopro gradual que, solitário e único,
Irrompe no silêncio e morre ao se afastar,
Qual se tivesse, o ar em vazante, uma só onda:
Assim essas palavras vieram e partiram,
Enquanto em lágrimas, com a larga e bela fronte
Ela tocava o chão, e o seu cabelo esparso
Tapete era de seda que Saturno usasse.
Lenta para mudar, a Lua derramava
Suas quatro estações de prata sobre a noite,
Enquanto os dois mantinham posição imóvel
Como esculturas naturais numa caverna
Catedralesca: o deus deitado inda no solo,
E a deusa, entristecida, em prantos a seus pés.

---

[*] Keats escreveu o *Hyperion*, com interrupções, provavelmente de inícios de setembro de 1818 a fins de abril de 1819. Havia então terminado pouco mais de cem versos do Livro III e abandonou o projeto. O poema trata dos Titãs vencidos por Júpiter, já depostos Saturno e Oceano; Hiperíon é o único dos Titãs ainda não desapossado, e em torno dele Encélado propõe resistência, para que Saturno volte a reinar. O Livro III cuida de Apolo, de como lê a história e o sofrimento do mundo nos olhos de Mnemósine: angustia-se, grita e diviniza-se. No poema, grave e solene, Keats sofreu a influência de Milton, no tom e na forma; mas sobrepujou o *Endimião* no domínio da linguagem e na força da concepção. Não achou, contudo, que lhe conviesse a expressão miltoniana, para ele única e por isso mesmo inadequada para outrem que desejasse linguagem mais natural. No trecho que demos acima, do Livro I, Teia, esposa de Hiperíon (o Titã do Sol, etimologicamente "o que vai por cima"), convida Saturno a reunir-se aos demais Titãs. O excerto abre com uma comparação de sonhadora e singular beleza.

ODE TO A NIGHTINGALE

I

My heart aches, and a drowsy numbness pains
    My sense, as though of hemlock I had drunk,
Or emptied some dull opiate to the drains
    One minute past, and Lethe-wards had sunk:
'Tis not through envy of thy happy lot,
    But being too happy in thine happiness, –
        That thou, light-winged Dryad of the trees
        In some melodious plot
    Of beechen green, and shadows numberless,
        Singest of summer in full-throated ease.

ODE A UM ROUXINOL[*]

I

Dói-me o coração, e aflige meus sentidos
  Um torpor de sono, como se eu tivesse
Bebido da cicuta ou esgotado há um só instante
  Um lânguido narcótico e descido para o Lete:
Não é porque eu inveje a tua boa sorte,
  Porém porque me alegro a ver-te assim feliz
    Que tu, arbórea Dríade das asas leves,
      Em nesga melodiosa
  De um verdor de faias e de sombras incontáveis
    A plena e fácil voz celebras o verão.

---

[*] A "Ode a um rouxinol", uma das prediletas no grupo das grandes odes, trata da felicidade que é o canto do rouxinol, das tristezas do mundo e da sedução da morte; todavia o canto da avezinha transcende a mortalidade e é tão belo que o poeta, no fim, indaga se não terá sonhado. Jorge Luis Borges toma a ode como "fonte de inesgotável poesia". Além do rouxinol que havia na casa de Hampstead (*vide* a "Introdução"), conta-se que uma noite da primavera de 1819, Keats se encontrava com Severn e outros companheiros na "Spaniard's Inn", em Hampstead Heath; Severn percebeu de repente que Keats se havia eclipsado e deu com ele, sob um grupo de pinheiros, a ouvir um rouxinol. Keats seguiu a inovação de Coleridge, que foi o primeiro, diz-se, a fazer do canto do rouxinol um canto de alegria. Dias antes de escrever a ode, Keats conversara com Coleridge, e na palestra entraram rouxinóis. A ode foi publicada nos *Annals of Fine Arts* em julho de 1819, contendendo-se sobre se foi escrita no início ou em meados de maio, se antes ou depois da "Ode sobre uma urna grega".

II

O, for a draught of vintage! that hath been
　　Cool'd a long age in the deep-delved earth,
Tasting of Flora and the country green,
　　Dance, and Provençal song, and sunburnt mirth!
O for a beaker full of the warm South,
　　Full of the true, the blushful Hippocrene,
　　　　With beaded bubbles winking at the brim,
　　　　　　And purple-stained mouth;
　　That I might drink, and leave the world unseen,
　　　　And with thee fade away into the forest dim:

III

Fade far away, dissolve, and quite forget
　　What thou among the leaves hast never known,
The weariness, the fever, and the fret
　　Here, where men sit and hear each other groan;
Where palsy shakes a few, sad, last gray hairs,
　　Where youth grows pale, and spectre-thin, and dies;
　　　　Where but to think is to be full of sorrow
　　　　　　And leaden-eyed despairs,
　　Where Beauty cannot keep her lustrous eyes,
　　　　Or new Love pine at them beyond to-morrow.

II

Oh! um trago de vinho! que se tenha refrescado
  Longa idade no seio da profunda terra!
Que saiba a Flora e a campos verdejantes,
  A dança, a canto provençal e a júbilo queimado pelo sol!
Oh! uma copa que transborde o quente Sul,
  Cheia da verdadeira, da Hipocrene rubra,
    Tendo a piscar nas bordas bolhas como pérolas
      E uma boca de púrpura tingida!
  Que eu pudesse bebê-la e sem ser visto abandonasse o mundo,
    E contigo esvaecesse na floresta escura!

III

Esvair-me bem longe, dissolver-me e em tudo me olvidar
  Daquilo que entre as folhas tu jamais sentiste,
A fadiga, a febre e a inquietação,
  Aqui, onde os homens sentam para ouvir gemidos uns dos outros,
Onde a paralisia faz tremer uns poucos, tristes, últimos cabelos cinza,
  E a juventude empalidece e morre espectralmente macilenta
    Onde apenas pensar é encher-se de tristeza
    E de desesperanças de olhos plúmbeos;
  Onde à beleza não é dado conservar olhos brilhantes,
    Nem, além do amanhã, a um novo amor languir por eles.

---

6 Hipocrene rubra,] Perífrase por "vinho".

16 E a juventude... macilenta] Entende-se que o verso se refere a Tom, falecido de tuberculose em 1º de dezembro de 1818.

IV

Away! away! for I will fly to thee,
 Not charioted by Bacchus and his pards,
But on the viewless wings of Poesy,
 Though the dull brain perplexes and retards:
Already with thee! tender is the night,
 And haply the Queen-Moon is on her throne,
  Cluster'd around by all her starry Fays;
   But here there is no light,
 Save what from heaven is with the breezes blown
  Through verdurous glooms and winding mossy ways.

V

I cannot see what flowers are at my feet,
 Nor what soft incense hangs upon the boughs,
But, in embalmed darkness, guess each sweet
 Wherewith the seasonable month endows
The grass, the thicket, and the fruit-tree wild;
 White hawthorn, and the pastoral eglantine;
  Fast fading violets cover'd up in leaves;
   And mid-May's eldest child,
 The coming musk-rose, full of dewy wine,
  The murmurous haunt of flies on summer eves.

IV

Ao longe, ao longe! Para ti quero voar,
   Não no carro de Baco e seus leopardos,
Porém nas asas invisíveis da Poesia,
   Embora o cérebro, pesado, hesite e me retarde.
Já estou contigo! meiga é a noite,
   E talvez em seu trono esteja a Lua, essa rainha,
      Tendo a enxamear-lhe em torno as suas Fadas estelares.
      Mas aqui não há luz,
   Senão aquela que dos céus com as brisas é soprada
      Por entre sombras verdejantes e caminhos tortos e
            musgosos.

V

Não posso ver que flores a meus pés se encontram,
   Nem que perfume suave paira sobre os ramos,
Mas adivinho, em treva embalsamada, todos os aromas
   Com que o mês favorável dota a relva,
A moita e as árvores frutíferas do mato;
   O branco pilriteiro e a rosa brava pastoril;
      A violeta que logo murcha oculta sob as folhas;
         E de meados de maio a primogênita,
   A rosa almiscarada que reponta cheia de orvalhado vinho,
      Pouso de moscas murmurante pelas noites estivais.

VI

Darkling I listen; and, for many a time
    I have been half in love with easeful Death,
Call'd him soft names in many a mused rhyme,
    To take into the air my quiet breath;
Now more than ever seems it rich to die,
    To cease upon the midnight with no pain,
        While thou art pouring forth thy soul abroad
        In such an ecstasy!
    Still wouldst thou sing, and I have ears in vain –
        To thy high requiem become a sod.

VII

Thou wast not born for death, immortal Bird!
    No hungry generations tread thee down;
The voice I hear this passing night was heard
    In ancient days by emperor and clown:
Perhaps the self-same song that found a path
    Through the sad heart of Ruth, when, sick for home,
        She stood in tears amid the alien corn;
        The same that oft-times hath
    Charm'd magic casements, opening on the foam
        Of perilous seas, in faery lands forlorn.

VI

Às escuras escuto; e muitas vezes,
   Quase que enamorado da tranquila Morte,
Doces nomes chamei-lhe em versos meditados
   Para que dissipasse no ar o meu alento;
Agora como nunca eu acho que morrer é uma riqueza:
   Findar à meia-noite sem nenhuma dor,
      Enquanto em torno a ti vais derramando tua alma
      Com todo esse arrebatamento!
   Cantarias ainda; e em vão teria ouvidos eu,
      Para teu alto réquiem transformado em terra e grama.

VII

Tu não nasceste para a morte, Pássaro imortal!
   Não pisam sobre ti as gerações famintas.
A voz que ouço esta noite fugitiva foi ouvida
   Em velhos dias por Imperador e por campônio;
Talvez o mesmo canto que encontrou caminho
   No triste coração de Rute, quando, ansiando pelo lar,
      Ela ficou chorando em meio ao trigo do estrangeiro;
      O mesmo que encantou, vezes e vezes,
   Janelas mágicas abertas sobre a espuma
      De mares perigosos, num país de fadas já perdido!

VIII

Forlorn! the very word is like a bell
  To toll me back from thee to my sole self!
Adieu! the fancy cannot cheat so well
  As she is fam'd to do, deceiving elf.
Adieu! adieu! thy plaintive anthem fades
  Past the near meadows, over the still stream,
    Up the hill-side; and now 'tis buried deep
      In the next valley-glades:
Was it a vision, or a waking dream?
  Fled is that music: – Do I wake or sleep?

VIII

Perdido! Essa palavra é como um sino
   Que dobra para que de ti eu volte à minha solidão!
Adeus! A fantasia não nos pode iludir tanto
   Como se diz, fada enganosa.
Adeus! adeus! tua plangente antífona se esvai
   Além dos prados em redor, por sobre o riacho quieto,
      Subindo a encosta da colina; e agora entrou a fundo
         Nas clareiras do vale próximo;
   Foi isso uma visão, ou um sonho que sonhei desperto?
      A música fugiu: – Estou desperto ou estarei dormindo?

WHAT THE THRUSH SAID

O thou whose face hath felt the Winter's wind,
    Whose eye has seen the snow-clouds hung in mist
    And the black elm tops 'mong the freezing stars,
    To thee the spring will be a harvest-time.
O thou, whose only book has been the light
    Of supreme darkness which thou feddest on
    Night after night when Phœbus was away,
    To thee the Spring shall be a triple morn.
O fret not after knowledge – I have none,
    And yet my song comes native with the warmth.
O fret not after knowledge – I have none,
    And yet the Evening listens. He who saddens
At thought of idleness cannot be idle,
And he's awake who thinks himself asleep.

9-11 O fret...none,] A repetição "O fret not after knowledge – I have none", intencional, parece imitativa, pois o tordo também canta duas vezes o mesmo canto, como se lê em verso de Browning.

O QUE DISSE O TORDO[*]

Tu, que o vento do inverno já atingiu no rosto
   E viste em meio à bruma as nuvens mães da neve
   E os negros cimos do olmo entre as estrelas gélidas,
   Terás na primavera um tempo de colheita.
Tu, cujo livro único vem sendo a luz
   Da escuridão suprema, de que te nutriste,
   Noite após noite, quando Febo se ausentava,
   Terás na primavera tríplice manhã.
Oh, não anseies por saber – eu nada sei,
   Porém meu canto sempre surge com o calor.
Oh, não anseies por saber – eu nada sei,
   Porém a noite escuta-me. Quem se entristece
Pensando no ócio não se encontra na indolência,
E está desperto quem se julga adormecido.

---

[*] Este soneto em versos brancos consta da carta dirigida a Reynolds em 19 de fevereiro de 1818. Depois de referir que a beleza da manhã o pusera indolente, Keats acrescenta: "Não li nenhum livro – a manhã dizia que eu estava certo – eu só tinha ideia da manhã, e o tordo dizia que eu estava certo – parecendo dizer" (e aí entra o soneto dito pelo tordo).

14 E está...adormecido.] O final se aproxima vagamente do último verso do "Soneto sobre a sua cegueira", de Milton: *"They also serve who only atand and wait"* ("Também o servem os que ficam a esperar").

ODE TO PSYCHE

O Goddess! hear these tuneless numbers, wrung
    By sweet enforcement and remembrance dear,
And pardon that thy secrets should be sung
    Even into thine own soft-conchèd ear:
Surely I dreamt to-day, or did I see
    The winged Psyche with awaken'd eyes?
I wander'd in a forest thoughtlessly,
    And, on the sudden, fainting with surprise,
Saw two fair creatures, couched side by side
    In deepest grass, beneath the whisp'ring roof
Of leaves and trembled blossoms, where there ran

ODE A PSIQUÊ[*]

Escuta, ó deusa, os versos que, sem melodia,
  Doce coerção e grata relembrança me tiraram;
Perdoa que eu module os teus segredos
  Mesmo na branda concha desses teus ouvidos:
Hoje sonhei por certo; ou contemplei
  Psiquê, a de asas, com olhos acordados?
Numa floresta eu caminhava descuidoso,
  Mas de repente, e desmaiando de surpresa,
Vi duas belas criaturas respirando lado a lado
  Na relva mais profunda, sob um teto sussurrante
De folhas e de flores trêmulas, em sítio onde corria

[*] Esta ode é possivelmente a primeira por ordem de composição. Em data de 30 de abril de 1819, Keats enviou-a, como o último poema que escrevera, a George e Georgiana, dizendo que a feitura lhe dera algum trabalho e certo gasto de tempo; o resultado parecia-lhe mais rico para a leitura e encorajava-o a fazer outras experiências com um espírito ainda mais pacífico e saudável. Esclarecia depois por que motivos cultuara Psiquê (*vide* a "Introdução"), citando Apuleio, que contara a história do Cupido e da Psiquê no *O asno de ouro*. O relato de Apuleio (na tradução quinhentista de Adlington) contribuiu aliás para o cenário descrito na ode. Psiquê é depositada por Zéfiro num vale profundo, em leito de relva florida, vendo uma floresta, altas árvores e um regato de águas claras. O tratamento que Keats deu ao assunto foi influenciado por Spenser (o "Jardim de Adônis", na *Faerie Queene*), por Mrs. Tighe, poetisa pré-romântica, bem conhecida na época, autora de uma *Psiche* (1811), havendo ainda paralelos de Milton e de Erasmus Darwin. Na parte iconográfica, afirma-se entre outras coisas que Keats vira o grupo de Florença numa gravura do álbum de Spence. As interpretações da ode são várias. Para citar duas, Allott vê no poema a asserção de que "o amor, a poesia e a indolência são os remédios naturais da alma contra a morte viva que pode esperar da 'fria filosofia'" e Jan Jack nele descortina "um ato de culto pagão". A forma do poema deve algo à ode irregular, tal como a haviam praticado Wordsworth e Coleridge; tinha duas estrofes na carta, quatro na edição de 1820.

2 Doce...tiraram;] O verso parece ter influência de Milton, "Lycidas": "*Bitter constraint and sad occasion drear*". Também a "Ode sobre a natividade" talvez tenha oferecido longínquas sugestões a Keats.

10 Na relva mais profunda,] *depest grass*, reflete Apuleio: Psiquê desperta "num profundo vale".

A brooklet, scarce espied:
'Mid hush'd, cool-rooted flowers, fragrant-eyed,
　　Blue, silver-white, and budded Tyrian,
They lay calm-breathing on the bedded grass;
　　Their arms embraced, and their pinions too;
　　Their lips touch'd not, but had not bade adieu,
As if disjoined by soft-handed slumber,
And ready still past kisses to outnumber
　　At tender eye-dawn of aurorean love:
　　　　The winged boy I knew;
　　But who wast thou, O happy, happy dove?
　　　　His Psyche true!

O latest born and loveliest vision far
　　Of all Olympus' faded hierarchy!
Fairer than Phoebe's sapphire-region'd star,
　　Or Vesper, amorous glow-worm of the sky;
Fairer than these, though temple thou hast none,
　　Nor altar heap'd with flowers;
Nor virgin-choir to make delicious moan
　　　　Upon the midnight hours;
No voice, no lute, no pipe, no incense sweet
　　From chain-swung censer teeming;
No shrine, no grove, no oracle, no heat
　　Of pale-mouth'd prophet dreaming.

Um riacho apenas entrevisto.
Em meio às flores quietas, de raízes frias e olhos odorantes,
   Azuis, brancas de prata e em púrpura abotoando,
Eles se reclinavam na acamada relva,
   Tranquilos respirando, braços e asas enlaçados;
   Os lábios desunidos, mas sem terem dito adeus,
Tal como se apartados pelo sono de mãos leves,
E ainda prontos a exceder os beijos dados
   Ao madrugar-lhes pelos olhos o auroral amor;
      Reconheci o alado jovem; mas quem eras,
   Ó afortunada, afortunada rola?
      Sua fiel Psiquê!

Ó a mais jovem e visão de longe a mais encantadora
   De toda a esmaecida hierarquia olímpica!
Mais bela que no céu safira o astro de Febe
   Ou Vésper, amoroso vaga-lume dos espaços;
Mais bela, embora não possuas templo
   Nem altar de flores cumulado;
Nem coro virginal a erguer lamento deleitoso
   Nas horas em que a noite vai em meio;
Nem voz, nem alaúde, frauta ou doce aroma
   A fluir de turíbulo suspenso nas correntes;
Nem santuário, nem bosque, oráculo ou fervor
   De profeta a sonhar de lábios pálidos.

---

11 rola?] No orig. *dove*, pomba.
Keats viu Mrs. Tighe chamar
assim Psiquê: "*pure spotless dove*".

O brightest! though too late for antique vows,
   Too, too late for the fond believing lyre,
When holy were the haunted forest boughs,
   Holy the air, the water, and the fire;
Yet even in these days so far retir'd
   From happy pieties, thy lucent fans,
   Fluttering among the faint Olympians,
I see, and sing, by my own eyes inspir'd.
So let me be thy choir, and make a moan
       Upon the midnight hours;
Thy voice, thy lute, thy pipe, thy incense sweet
   From swinged censer teeming;
Thy shrine, thy grove, thy oracle, thy heat
   Of pale-mouth'd prophet dreaming.

Ó a mais brilhante! Embora muito tarde para antigos votos,
   E muito, muito tarde para a lira apaixonada e crédula,
Quando sagrados eram os ramos assombrados da floresta,
   Sagrados o ar, a água e o fogo;
Contudo mesmo nestes dias tão distantes
   Do culto afortunado, as tuas asas lúcidas,
   Librando-se entre os lânguidos olímpicos,
Eu vejo e canto, por meus próprios olhos inspirado.
Assim, seja eu teu coro, e erga um lamento
        Nas horas em que a noite vai em meio;
A tua voz, teu alaúde, tua frauta, o doce aroma
   A fluir do turíbulo oscilante;
Teu santuário, teu bosque, teu oráculo e o fervor por ti
   Do profeta a sonhar de lábios pálidos.

Yes, I will be thy priest, and build a fane
   In some untrodden region of my mind,
Where branched thoughts, new grown with pleasant pain,
   Instead of pines shall murmur in the wind:
Far, far around shall those dark-cluster'd trees
   Fledge the wild-ridged mountains steep by steep;
And there by zephyrs, streams, and birds, and bees,
   The moss-lain Dryads shall be lull'd to sleep;
And in the midst of this wide quietness
A rosy sanctuary will I dress
With the wreath'd trellis of a working brain,
   With buds, and bells, and stars without a name,
With all the gardener Fancy e'er could feign,
   Who breeding flowers, will never breed the same:
And there shall be for thee all soft delight
   That shadowy thought can win,
A bright torch, and a casement ope at night,
   To let the warm Love in!

Sim, eu serei teu sacerdote, e erigirei um templo
    Em não trilhada região de minha mente,
Na qual os pensamentos, ramos recém-crescidos com
                            aprazível dor,
    Murmurarão ao vento em vez de teus pinheiros;
Ao longe, ao longe em torno, aquelas árvores que formam
                            grupos negros
    Emplumarão, aclive por aclive, a serra de deserta crista;
E lá os zéfiros, correntes, pássaros e abelhas
    ninharão as Dríades deitadas pelo musgo;
E, bem no meio dessa larga paz,
Adornarei um róseo santuário
Com a treliça engrinaldada de um ativo cérebro,
    E com botões, com sinos, com estrelas sem um nome,
Com tudo o que jamais pôde inventar aquela jardineira, a
                            Fantasia,
    Que, produzindo flores, não produz jamais as mesmas:
E para ti lá estará todo o prazer suave
    Que pode obter o pensamento umbroso,
Um claro archote, e uma janela aberta à noite
    Para que tenha entrada o ardente Amor!

SONNET

    Bright star, would I were stedfast as thou art –
        Not in lone splendour hung aloft the night
    And watching, with eternal lids apart,
        Like nature's patient, sleepless Eremite,
5   The moving waters at their priestlike task
        Of pure ablution round earth's human shores,
    Or gazing on the new soft-fallen mask
        Of snow upon the mountains and the moors –
    No – yet still stedfast, still unchangeable,
10   Pillow'd upon my fair love's ripening breast,
    To feel for ever its soft fall and swell,
        Awake for ever in a sweet unrest,
    Still, still to hear her tender-taken breath,
    And so live ever – or else swoon in death.

ASTRO FULGENTE[*]

Fosse eu imóvel como tu, astro fulgente!
   Não suspenso da noite com uma luz deserta,
A contemplar, com a pálpebra imortal aberta,
   – Monge da natureza, insone e paciente –
As águas móveis na missão sacerdotal
   De abluir, rodeando a terra, o humano litoral,
Ou vendo a nova máscara – caída leve
   Sobre as montanhas, sobre os pântanos – da neve,
Não! mas firme e imutável sempre, a descansar
   No seio que amadura de meu belo amor,
Para sentir, e sempre, o seu tranquilo arfar,
   Desperto, e sempre, numa inquietação-dulçor,
Para seu meigo respirar ouvir em sorte,
E sempre assim viver, ou desmaiar na morte.

---

[*] Bom tempo se pensou que este fosse o último soneto de Keats, escrito durante sua viagem para a Itália, logo depois de, por falta de vento, ter descido com Severn a terra, na baía de Lulworth. Usou para isso uma página em branco do exemplar de Severn dos *Poemas* de Shakespeare, em face de "A Lover's Complaint". Mas Colvin (1917) localizou uma cópia de Brown com a data de 1819, sendo pois o texto da viagem simples revisão, ou melhor, manuscrito anterior. A data certa é conjetural: uns acham que o soneto foi escrito em 1819, julho, talvez 25, na mesma noite em que Keats dirigiu uma carta a Fanny, falando na estrela (Vênus) da moça e chamando-a mesma de "*fair Star*". Objeta-se que o soneto, reminiscente de "The Excursion", de Wordsworth, cogita da estrela polar e não de Vênus. Outros supõem que o tenha escrito após a morte de Tom, quando releu as cartas que lhe dirigira e numa delas, de 25-7 de junho de 1818, achou expressões paralelas às do soneto, que podem tê-lo inspirado, portanto. A data mais provável, para esses, seria abril de 1819. Pensam outros em datas que oscilam de outubro a dez. de 1819. Allott, por exemplo, cita uma pesada queda de neve em 22 de outubro, segundo nota do *Annual Register* do dia seguinte. Segundo Robert Gittings, a primeira versão do soneto pode ter sido escrita em inícios de nov. de 1818; a versão final estava em mãos de Fanny Brawne em abril do ano seguinte. Acredita-se, em geral, que o soneto haja sido inspirado em Fanny Brawne. Na tradução usei uma quadra em rimas parelhas, coisa de que há precedentes parnasianos.

TO AUTUMN

I

Season of mists and mellow fruitfulness,
   Close bosom-friend of the maturing sun;
Conspiring with him how to load and bless
   With fruit the vines that round the thatch-eves run;
To bend with apples the moss'd cottage-trees,
   And fill all fruit with ripeness to the core;
      To swell the gourd, and plump the hazel shells
   With a sweet kernel; to set budding more,
And still more, later flowers for the bees,
Until they think warm days will never cease,
   For Summer has o'er-brimm'd their clammy cells.

AO OUTONO[*]

I

Quadra das névoas, do fecundo j'maduro,
   Amiga íntima do sol, o que sazona,
Com quem suspiras por benzer e carregar
   As vides que se estendem nos beirais de palha;
Por vergar de maçãs as árvores musgosas
   Da cabana e adoçar os frutos, até o centro,
     Expandir o cocombro e inchar as avelãs
   com doce amêndoa; por fazer brotarem mais
E mais as flores temporãs, para as abelhas
Que julgam não ter fim os dias de calor,
   Já que o Verão levou seus favos a escorrer.

---

[*] Esta ode foi escrita quase à entrada do outono, em 19 de setembro de 1819. Em carta do dia 22, dirigida a Reynolds, Keats assinala: "Que bela está agora a estação! Que aprazível o ar – um ardor temperado nele. Realmente, sem brincadeira, um tempo casto – um céu de Diana. Nunca apreciei os campos ceifados como agora – sim, mais do que o verde frio da primavera. De certo modo, um campo ceifado parece quente, da mesma forma que alguns quadros parecem quentes. Isso impressionou-me tanto em meu passeio de domingo que escrevi a respeito" (segue-se a ode). A primeira estrofe dá a ideia de madureza, a segunda de lazer, a terceira de esplendor e despedida na tarde, saindo Keats dos lugares-comuns sobre o outono. Há quem julgue esta ode o mais perfeito dos poemas de Keats, o que não significa, todavia, que seja o mais importante. Keats afastou-se da tradição ao tornar mulher o outono, com algo de Ceres, acentuam Barnard e Jack. Para as personificações da segunda estrofe, baseadas na vida do campo na Inglaterra, citam-se, contudo, algumas possíveis reminiscências.

II

Who hath not seen thee oft amid thy store?
　　Sometimes whoever seeks abroad may find
Thee sitting careless on a granary floor,
　　Thy hair soft-lifted by the winnowing wind;
Or on a half-reap'd furrow sound asleep,
　　Drows'd with the fume of poppies, while thy hook
　　　Spares the next swath and all its twined flowers:
And sometimes like a gleaner thou dost keep
　　Steady thy laden head across a brook;
　　Or by a cyder-press, with patient look,
　　　Thou watchest the last oozings hours by hours.

III

Where are the songs of Spring? Ay, where are they?
　　Think not of them, thou hast thy music too, –
While barred clouds bloom the soft-dying day,
　　And touch the stubble plains with rosy hue;
Then in a wailful choir the small gnats mourn
　　Among the river sallows, borne aloft
　　　Or sinking as the light wind lives or dies;
And full-grown lambs loud bleat from hilly bourn;
　　Hedge-crickets sing; and now with treble soft
　　The red-breast whistles from a garden-croft;
　　　And gathering swallows twitter in the skies.

II

Quem não te viu amiúde em meio a tuas posses?
  Às vezes quem sai buscando pode achar-te
Sentada, descuidosa, em chão de algum celeiro,
  Cabelo erguido pelo vento de uma joeira;
Ou a dormir em campo já semiceifado,
  Tonta de eflúvio da papoula, enquanto a foice
    Poupa a fileira contígua e as flores enlaçadas;
Como respigadora atravessando o riacho
  Manténs a fronte erguida ao peso de seu fardo;
Ou vês, hora após hora, os últimos gotejos,
  Quando observas, paciente, a prensa para sidra.

III

Onde as canções da primavera? Onde é que estão?
  Não penses nelas, também tens a tua música.
Nuvens estriadas floram o cair do dia,
  Tocando de cor rósea as jeiras não semeadas;
Então em coro os mosquitinhos se lamentam
  Entre os chorões do rio, cujos ramos sobem
    Ou descem, quando vive ou morre o vento leve;
E da orla das colinas balem os cordeiros;
  Zinem grilos na sebe; e com um dulçor agudo
Pia o pisco-de-peito-ruivo num quintal
  E em bando as andorinhas chilram pelos céus.

1-4 Quem...joeira;] Esses versos evocam a *Psiquê dormindo em meio ao trigo*, de Giulio Romano;
5-7 Ou a dormir...enlaçadas;] Versos que recordam as gravuras, baseadas em William Hamilton, das *Seasons* (1807) de Thomson;
8-9 Com respigadora...fardo;] Traços gerais de uma figura do *Outono* de Poussin.

ON THE GRASSHOPPER AND CRICKET

The poetry of earth is never dead:
    When all the birds are faint with the hot sun,
    And hide in cooling trees, a voice will run
From hedge to hedge about the new-mown mead;
That is the Grasshopper's – he takes the lead
    In summer luxury, – he has never done
    With his delights; for when tired out with fun
He rests at ease beneath some pleasant weed.
The poetry of earth is ceasing never:
    On a lone winter evening, when the frost
        Has wrought a silence, from the stove there shrills
The Cricket's song, in warmth increasing ever,
    And seems to one in drowsiness half lost,
        The Grasshopper's among some grassy hills.

SOBRE O GAFANHOTO E O GRILO*

A poesia da terra nunca, nunca morre:
   Quando o vigor do sol languesce a passarada
   E se abriga nas ramas, um zizio corre
De sebe em sebe, em torno à várzea já ceifada;
É o gafanhoto, que a assumir o mando acorre
   No fausto do verão; e nunca dá parada
   Ao seu prazer, pois de erva amável se socorre
Para descanso, ao fim de sua alegre zoada.
A poesia da terra nunca se termina:
   Do inverno em noite só, quando com a geada cresce
      O silêncio, do fogão se ergue de repente
O zinido do grilo, sempre mais ardente,
   E para alguém zonzo de sono ele parece
      O gafanhoto em meio à relva da colina.

---

*Este soneto nasceu de uma competição em casa de Leigh Hunt, entre este e Keats, em 30 de dezembro de 1816. O tema era o canto do grilo. Hunt declarou-se batido. A ideia de Keats é a de que a poesia da terra nunca morre, pois ao chirriar do gafanhoto, nos dias de verão, corresponde o canto do grilo, nas noites de inverno. Nessa e noutras competições, os sonetos deviam ser feitos em 15 minutos.

ODE ON MELANCHOLY

I

No, no, go not to Lethe, neither twist
   Wolf's-bane, tight-rooted, for its poisonous wine;
Nor suffer thy pale forehead to be kiss'd
   By nightshade, ruby grape of Proserpine;
Make not your rosary of yew-berries,
   Nor let the beetle nor the death-moth be
     Your mournful Psyche, nor the downy owl
A partner in your sorrow's mysteries;
   For shade to shade will come too drowsily,
     And drown the wakeful anguish of the soul.

ODE SOBRE A MELANCOLIA[*]

I

Não, não, não vás ao Lete, nem o acônito
  De raízes firmes torças para obter seu vinho venenoso;
nem sofras que te beije a fronte pálida
  A beladona, a rubra uva de Prosérpina;
Não faças teu rosário com os glóbulos do teixo;   5
  Nem falena-da-morte nem escaravelho sejam
    Tua Psiquê lutuosa, nem partilhe o mocho penujento
Dos mistérios da tua nostalgia;
  pois sonolenta a sombra à sombra chegará,
    Afogando a aflição desperta de tua alma.   10

---

[*] Esta ode, talvez a terceira em data de composição (maio de 1819), tinha um começo macabro, uma décima cujo fim declarava que haveria fracasso em buscar a melancolia, "se ela sonha em qualquer ilha do insensível Lete". Cortada a estrofe, isso propiciou o magnífico início atual, com a tripla negação: "Não, não, não vás ao Lete" etc. É possível que um trecho da *Anatomia da melancolia*, de Burton, que Keats estava lendo na ocasião, tenha sido a mola propulsora do poema. William Empson toma-o como uma grande peça de antologia e acrescenta que "a perfeição da forma, a imediatidade de expressão, da Ode, estão no fato de que elas se juntam na simples antítese que une a Melancolia à Alegria".

---

6 falena-da-morte] Assim Keats simplifica o nome da falena conhecida como *"death's-head moth"*, *Acherontia atropos*. Essa falena parece ter representado no corpo uma caveira. Como Psiquê também se figurava como borboleta (o nome significava, em grego, tanto *alma* como *borboleta*), o poeta não quer que a falena-da-morte seja a "fúnebre Psiquê" (Psiquê era ainda a alma do morto). Escaravelho, *beetle*, no caso o *deathwatch*, que se acreditava prenunciar a morte.
8 mistérios] A melancolia é tomada como deusa através do poema. No final, tem um santuário do templo de Deleite e troféus, assinala Barnard.
9 à sombra] *shade to shade*: jogo com dois valores da palavra *shade*: "sombra", espaço sem luz, e "sombra" fantasmas, manes.

II

But when the melancholy fit shall fall
    Sudden from heaven like a weeping cloud,
That fosters the droop-headed flowers all,
    And hides the green hill in an April shroud;
Then glut thy sorrow on a morning rose,
    Or on the rainbow of the salt sand-wave,
        Or on the wealth of globed peonies;
Or if thy mistress some rich anger shows,
    Emprison her soft hand, and let her rave,
        And feed deep, deep upon her peerless eyes.

III

She dwells with Beauty—Beauty that must die;
    And Joy, whose hand is ever at his lips
Bidding adieu; and aching Pleasure nigh,
    Turning to Poison while the bee-mouth sips:
Ay, in the very temple of delight
    Veil'd Melancholy has her sovran shrine,
        Though seen of none save him whose strenuous tongue
Can burst Joy's grape against his palate fine:
    His soul shall taste the sadness of her might,
        And be among her cloudy trophies hung.

II

Mas quando o acesso da melancolia
   De súbito cair do céu, como se fosse a nuvem lacrimosa
Que alenta as flores todas de inclinada fronte
   E em mortalha de abril oculta o verde outeiro:
Sacia então tua tristeza em rosa matinal,
   Ou no arco-íris de salgada onda sobre a areia,
      Ou na opulência das peônias globulares;
Ou se a amada mostrar cólera rica,
   Toma-lhe a mão suave, e deixa-a delirar,
      E bebe a fundo, a fundo, nos olhos sem iguais.

III

Ela mora com a Beleza – com a Beleza que perecerá;
   Com a Alegria de mão aos lábios sempre erguida
Para dizer adeus; e junto do Prazer dorido
   Que se faz veneno enquanto a boca suga, pura abelha;
Sim, no próprio templo do deleite
   É que a Melancolia tem, velada, o seu supremo santuário,
      Embora só a veja aquele cuja língua estrênua
rebente a uva da Alegria contra o céu da boca;
   A alma deste provará a tristeza que é o seu poder,
      E em meio aos seus troféus nublados ficará suspensa.

1-4 Mas quando... outeiro:] Segundo Barnard, essas linhas desenvolvem o paradoxo de que, embora a melancolia produza chuvas de lágrimas, essas lágrimas, como as chuvas de abril, trazem uma vida renovada e fresca.

ENDYMION (I, 1–33)

A thing of beauty is a joy for ever:
Its loveliness increases; it will never
Pass into nothingness; but still will keep
A bower quiet for us, and a sleep
5 Full of sweet dreams, and health, and quiet breathing.
Therefore, on every morrow, are we wreathing
A flowery band to bind us to the earth,
Spite of despondence, of the inhuman dearth
Of noble natures, of the gloomy days,
10 Of all the unhealthy and o'er-darkened ways
Made for our searching: yes, in spite of all,
Some shape of beauty moves away the pall
From our dark spirits. Such the sun, the moon,
Trees old, and young, sprouting a shady boon
15 For simple sheep; and such are daffodils
With the green world they live in; and clear rills
That for themselves a cooling covert make
'Gainst the hot season; the mid-forest brake,
Rich with a sprinkling of fair musk-rose blooms:
20 And such too is the grandeur of the dooms

ENDIMIÃO (I, 1–33)*

Tudo o que é belo é uma alegria para sempre:
O seu encanto cresce; não cairá no nada;
Mas guardará continuamente, para nós,
Um sossegado abrigo, e um sono todo cheio
De doces sonhos, de saúde e calmo alento. 5
Toda manhã, portanto, estamos nós tecendo
Um liame floral que nos vincule à terra,
Malgrado o desespero, a carestia cruel
De nobres naturezas, os escuros dias,
E todos os sombreados e malsãos caminhos 10
Abertos para nossa busca: não obstante,
Alguma forma bela afasta essa mortalha
De nossa lúgubre alma. Assim são sol e lua,
As árvores lançando a dádiva da sombra
Às ovelhas sem mal; e assim são os narcisos 15
Com o mundo verde no qual vivem, e os regatos
Que fazem para si uma coberta amena
Contra a quente estação; a moita mato a dentro,
Rica de um jorro em flor de almiscaradas rosas;
E assim também é a majestade dos destinos 20

*Este é um poema longo escrito em 1817 e publicado no ano seguinte. Cuida dos amores mitológicos de Febe (a Lua) e Endimião, em quatro livros cheios de incidentes. O tema, que consta de Ovídio, inspirou ao Cariteo, na Itália, o livro *Endimione*, no qual se dirigem poemas platônicos a "Luna". O assunto, na Inglaterra, foi desenvolvido por Lyly (*Endimion*), também platonicamente, ou por Drayton (*Endymion and Phebe*) com uma história mínima, com sucessões de cenas agradáveis interrompidas por meditações casuais sobre astronomia, astrologia e filosofia. Admite-se que Keats haja conhecido essas e outras fontes insulares, que foram profusas (*vide* E. S. Le Comte, *Endymion in England*, N. York, 1944). O excerto acima abre o poema, com um verso celebérrimo, "*A thing of beauty is a joy for ever*", que Keats imaginou em 1815, no tempo em que morava com outro estudante de medicina, Henry Stephens, o qual disse que à primeira versão da linha – "*A thing of beauty is a constant joy*" – faltava alguma coisa. Keats emendou então, tornando-se magistral o verso.

19 jorro] *lit.* salpico.

We have imagined for the mighty dead;
All lovely tales that we have heard or read:
An endless fountain of immortal drink,
Pouring unto us from the heaven's brink.

5 Nor do we merely feel these essences
For one short hour; no, even as the trees
That whisper round a temple become soon
Dear as the temple's self, so does the moon,
The passion poesy, glories infinite,
10 Haunt us till they become a cheering light
Unto our souls, and bound to us so fast
That, whether there be shine, or gloom o'ercast,
They always must be with us, or we die.

Que imaginamos para os mortos poderosos;
Os lindos contos que nós lemos ou ouvimos:
Uma fonte infindável de imortal bebida
Que da fímbria dos céus a nós se precipita.

Nem percebemos tão-somente essas essências
Por uma curta hora; não, tal como as árvores
Que murmuram em torno a um templo logo estão
Preciosas como o próprio templo, assim a lua,
A poesia paixão, infindos esplendores,
Obsedam-nos até tornar-se luz que incita
Nossa alma, e unem-se a nós de modo tão estreito,
Que existam sobre nós ou trevas ou fulgor,
Devem estar sempre conosco, ou bem morremos.

SONNET

Why did I laugh to-night? No voice will tell:
    No God, no Demon of severe response,
Deigns to reply from Heaven or from Hell.
    Then to my human heart I turn at once.
Heart! Thou and I are here sad and alone;
    I say, why did I laugh! O mortal pain!
O Darkness! Darkness! ever must I moan,
    To question Heaven and Hell and Heart in vain.
Why did I laugh? I know this Being's lease,
    My fancy to its utmost blisses spreads;
Yet would I on this very midnight cease,
    And the world's gaudy ensigns see in shreds.
Verse, Fame, and Beauty are intense indeed,
But Death intenser – Death is Life's high meed.

POR QUE ESTA NOITE EU RI?[*]

Por que esta noite eu ri? Não mo dirá ninguém:
   Deus algum, nem Demônio de resposta rude;
Nem do céu nem do inferno a explicação me vem.
   Ao meu humano coração peço que ajude;
Eis-nos tristes e sós, tu e eu, ó coração!
   Dize-me, que mortal angústia! por que ri eu?
Ó trevas! trevas! Sempre hei de gemer em vão,
   A inquirir céu e inferno, e inda o coração meu.
Oh, por que ri? Um prazo, eu sei, tem-no o meu ser,
   Seus júbilos extremos gozo em fantasia;
Porém findar à meia-noite eu poderia
   E em trapos as bandeiras deste mundo ver.
Verso, Fama, Beleza é certo que ardem forte:
Alto prêmio da Vida, é mais ardente a Morte.

---

[*] Na carta-jornal dirigida a George e a Georgiana, Keats, em data de 19 de março de 1819, se refere ao soneto, que copia para o irmão e a cunhada, nos seguintes termos: "Receio que a preocupação por mim os leve a temer pela violência de meu temperamento, continuamente reprimida; por esse motivo eu não pretendia enviar-lhes o soneto abaixo; mas olhem as duas últimas páginas, e perguntem a si mesmos se não tenho em mim com que suportar os bofetões do mundo. Será o melhor comentário do meu soneto; mostrar-lhes-á que foi escrito com angústia alguma, a não ser a da ignorância, com sede alguma, a não ser a do conhecimento, quando pressionado aptamente; embora minhas paixões humanas me tivessem de início impelido a ele, elas se foram, e escrevi com meu espírito e talvez, devo confessar, com um pedacinho do meu coração". Transcreve então o soneto que o desafogou e cujo verso final tem foros de celebridade.

HYPERION (III, 10–43)

Meantime touch piously the Delphic harp,
And not a wind of heaven but will breathe
In aid soft warble from the Dorian flute;
For lo! 'tis for the Father of all verse.
5 Flush every thing that hath a vermeil hue,
Let the rose glow intense and warm the air,
And let the clouds of even and of morn
Float in voluptuous fleeces o'er the hills;
Let the red wine within the goblet boil,
10 Cold as a bubbling well; let faint-lipp'd shells,
On sands, or in great deeps, vermilion turn
Through all their labyrinths; and let the maid
Blush keenly, as with some warm kiss surpris'd.
Chief isle of the embowered Cyclades,
15 Rejoice, O Delos, with thine olives green,
And poplars, and lawn-shading palms, and beech,
In which the Zephyr breathes the loudest song,
And hazels thick, dark-stemm'd beneath the shade:
Apollo is once more the golden theme!
20 Where was he, when the Giant of the Sun
Stood bright, amid the sorrow of his peers?
Together had he left his mother fair
And his twin-sister sleeping in their bower,
And in the morning twilight wandered forth

HIPERÍON (III, 10-43)*

Musa, toca a harpa délfica, piedoso, o dedo
E, vento algum do céu recusará espirar,
Como apoio, o gorjeio bom da flauta dórica;
Pois vede! É isso em honra ao pai de todo o verso.
Faze afoguear-se tudo que tiver tom rubro; 5
Que a rosa, incandescendo forte, esquente a brisa,
E que as nuvens do anoitecer e da manhã
Em tosões voluptuosos pairem sobre os montes.
Ferva na taça o vinho tinto, frio como
Um poço a borbulhar; lábios sem sangue, as conchas, 10
Na areia ou no mar fundo, fiquem de escarlata,
Seja onde for nos labirintos seus; que a virgem
Core demais, qual se acolhesse um beijo ardente.
Ilha cardeal das Cíclades bem abrigadas,
Delos, alegra-te com as tuas oliveiras, 15
Choupos, palmeiras a sombrear as relvas, faias,
Onde o Zéfiro entoa o mais sonoro canto,
E o avelal, de que a sombra cobre os negros troncos:
Uma vez mais ainda, Apolo é o tema de outro!
Quando o Titã do Sol permanecia fúlgido 20
Entre seus pares tristes, onde estava ele?
Juntas deixara Apolo sua mãe, a bela,
E a gêmea adormecidas no caramanchão,
E ao crepúsculo matinal entrara a andar

---

*Este excerto do "Hiperíon", que trata do primeiro passeio de Apolo, tem versos famosos.

9-11 Ferva...escarlata,] Traduzimos com aliterações, coliterações e assonâncias evidentes, de modo a preservar a subjetividade do original.

Beside the osiers of a rivulet,
Full ankle-deep in lilies of the vale.
The nightingale had ceas'd, and a few stars
Were lingering in the heavens, while the thrush
Began calm-throated. Throughout all the isle
There was no covert, no retired cave
Unhaunted by the murmurous noise of waves,
Though scarcely heard in many a green recess.
He listen'd, and he wept, and his bright tears
Went trickling down the golden bow he held.

Às margens de um regato, junto dos salgueiros,
Pelos lírios do vale os passos afundando.
Calara o rouxinol, algumas das estrelas
Tardavam pelos céus, e o tordo começara
A acalmar a garganta. Pela ilha inteira
Refúgio não havia, nem caverna ao longe
Aonde não chegasse o murmurar das vagas,
Quase extinto, porém, nalguns recessos verdes.
Ele ouviu, e chorou; as lágrimas brilhantes
Corriam devagar pelo seu arco de ouro.

SONNET

The day is gone, and all its sweets are gone!
    Sweet voice, sweet lips, soft hand, and softer breast,
Warm breath, light whisper, tender semitone,
    Bright eyes, accomplished shape, and lang'rous waist!
Faded the flower and all its budded charms,
    Faded the sight of beauty from my eyes,
Faded the shape of beauty from my arms,
    Faded the voice, warmth, whiteness, paradise –
Vanished unseasonably at shut of eve,
    When the dusk holiday – or holinight
Of fragrant-curtained love begins to weave
    The woof of darkness thick, for hid delight;
But, as I've read love's missal through to-day,
He'll let me sleep, seeing I fast and pray.

PARTIU O DIA[*]

Partiu o dia, e tudo, nele, o que é doçura!
   Doces lábios e voz, mão e seio macio,
Morno alento, enlevado, encantador cicio,
   Talhe perfeito, olhar de luz, langue cintura!
Da flor e seus botões as graças não diviso! 5
   A visão da beleza ao meu olhar perdida,
A forma da beleza de meus braços ida,
   Idas voz e calor, a alvura e o paraíso...
Tudo se esvaneceu ao fim do entardecer,
   Quando o fusco dia santo, ou antes noite santa 10
Do amor de olente cortinado a trama adianta
   Da escuridão, para ocultar todo o prazer:
Mas li o missal do Amor e dormirei portanto,
Que vê o Amor como jejuo e rezo tanto.

---

[*] Este soneto, de forma shakespeariana, foi provavelmente escrito na noite de 10 de outubro de 1819, depois de uma visita de algumas horas a Fanny Brawne. No dia seguinte, Keats mandou-lhe uma carta, na qual se lê: "Minha querida, estou vivendo hoje o dia de ontem: fiquei completamente fascinado o dia todo. Sinto-me à sua mercê... Você me deslumbrou – não há nada no mundo tão brilhante e admirável". O original ostenta na segunda quadra uma anáfora insistente em "fade", que não pude preservar.

ODE

    Bards of passion and of Mirth,
    Ye have left your souls on earth!
    Have ye souls in heaven too,
    Doubled lived in regions new?
5   Yes, and those of heaven commune
    With the spheres of sun and moon;
    With the noise of fountains wond'rous,
    And the parle of voices thund'rous;
    With the whisper of heaven's trees
10 And one another, in soft ease
    Seated on Elysian lawns
    Brows'd by none but Dian's fawns;
    Underneath large blue-bells tented,
    Where the daisies are rose-scented,
15 And the rose herself has got
    Perfume which on earth is not;
    Where the nightingale doth sing
    Not a senseless, tranced thing,
    But divine melodious truth;
20 Philosophic numbers smooth;
    Tales and golden histories
    Of heaven and its mysteries.

BARDOS DA PAIXÃO E DA ALEGRIA[*]

Ó Bardos da Paixão e da Alegria,
Vós deixastes na Terra as vossas almas!
Tentes almas também no paraíso,
Que vivem outra vez em regiões novas?
Sim, e comungam as do paraíso,
Com as esferas do Sol e com as da Lua;
Com o sussurro de fontes admiráveis
E com as vozes que falam no trovão;
Com o murmúrio das árvores do céu
E uma com outra, em doce bem-estar
Nos elíseos relvados assentadas,
Onde só pastam corças de Diana;
Sob a tenda de grandes campainhas
Onde cheiram a rosa as margaridas
E a própria rosa adquire uma fragrância,
Um odor que na terra não existe;
Onde gorjeia o rouxinol um canto
Nem sem sentido, nem como que em transe,
Mas divina verdade melodiosa;
E contos e douradas narrações
Que versam sobre o céu e os seus mistérios.

---

[*] Este poema foi escrito numa página em branco da tragicomédia de Beaumont e Fletcher *The Fair Maid of Inn*, provavelmente em dezembro de 1818, copiado em carta-jornal a George e Georgiana, em data de 2 de janeiro de 1819 e publicado no volume de 1820 sob título de "Ode". A ele e a "Fancy", Keats se referia como espécies de rondós, dizendo que podiam amplificar a ideia com mais facilidade e prazer que o soneto. Keats esclarecia que os versos tratavam da dupla imortalidade dos poetas. Numa carta a Bailey, de 22 de novembro de 1817, dizia que "nos regozijamos depois, tendo o que chamamos felicidade na Terra repetido em tom mais delicado". Noutra carta, afirmou que Tom acreditava na imortalidade da alma, e ele também (carta-jornal de 1818–1819). Finalmente, em carta a Brown, de 28 de setembro de 1820, indaga: "Há outra vida? Acordarei para ver que tudo isto foi um sonho? Deve haver, não podemos ser criados para esta modalidade de sofrimento".

Thus ye live on high, and then
On the earth ye live again;
And the souls ye left behind you
Teach us, here, the way to find you,
Where your other souls are joying,
Never slumber'd, never cloying.
Here, your earth-born souls still speak
To mortals, of their little week;
Of their sorrows and delights;
Of their passions and their spites;
Of their glory and their shame;
What doth strengthen and what maim.
Thus ye teach us, every day,
Wisdom, though fled far away.

Bards of Passion and of Mirth,
Ye have left your souls on earth!
Ye have souls in heaven too,
Double-lived in regions new!

Assim viveis lá em cima, e ao mesmo tempo
Aqui na Terra vós viveis de novo;
E as almas que deixastes ao partir
Ensinam-nos, aqui, como encontrar-vos
Onde se alegram vossas outras almas
Sem nunca adormecer, nunca saciar-se.
Vossas almas terrestres aqui falam
Aos homens, sempre, da semana breve,
Das mágoas que eles têm, de seus prazeres,
E de suas paixões e de seus ódios,
De sua glória e da vergonha sua,
Do que dá forças e do que mutila.
Assim nos ensinais sabedoria
Diariamente, apesar de ter-vos ido.

Ó Bardos da Paixão e da Alegria,
Vós deixastes na Terra as vossas almas!
Tendes almas também no paraíso,
Que vivem outra vez em regiões novas!

ON FIRST LOOKING INTO CHAPMAN'S HOMER

Much have I travell'd in the realms of gold,
    And many goodly states and kingdoms seen;
    Round many western islands have I been
Which bards in fealty to Apollo hold.
Oft of one wide expanse had I been told
    That deep-brow'd Homer ruled as his demesne;
    Yet did I never breathe its pure serene
Till I heard Chapman speak out loud and bold:
Then felt I like some watcher of the skies
    When a new planet swims into his ken;

AO COMPULSAR, PELA PRIMEIRA VEZ, O HOMERO DE CHAPMAN*

Já por impérios de ouro eu muito viajara,
   Diversos reinos vira – e quanto belo Estado!
   Já muitas ilhas, a ocidente, eu circundara,
As quais em feudo Apolo aos bardos tinha doado.
Eu já sabia que em país mais dilatado
   Homero, o que pensava fundo, governara:
   Porém seu límpido ar não tinha ainda aspirado,
Até que ouvi a voz de Chapman, brava e clara.
Como o que espreita o céu e colhe na visão
   Algum novo planeta, assim fiquei então;

---

*Neste soneto Keats atingiu pela primeira vez expressão própria. Escreveu-o certa manhã de out. de 1816, depois de ter varado a noite com Clarke a ler trechos de Homero que o fascinaram, na tradução de Chapman. Leigh Hunt publicou-o no mesmo ano, transcrevendo-o em artigo no *Examiner*. Os reinos de ouro, do v. 1, são o Eldorado (e também provavelmente as folhas de ouro em relevo nas capas e lombadas dos livros, diz Barnard).

9-10 Como...então;] "Eco da vívida descrição do descobrimento, por Herschel, do planeta Urano, na *Introduction to Astronomy*, de John Bonnycastle, que Keats ganhou como prêmio escolar em 1811" (Barnard).

Or like stout Cortez when with eagle eyes
   He star'd at the Pacific – and all his men
Look'd at each other with a wild surmise –
   Silent, upon a peak in Darien.

Ou como quando – de águia o olhar – Cortez nem bem
   O Pacífico havia dividisado, além –
Seus homens a se olhar, supondo com aflição –
   E ficou sem falar, num pico em Darien.

1 Cortez] O fato deu-se com Balboa, já o assinalava Tennyson. 3 supondo] *surmise*. Balboa subiu sozinho o promontório, para ser o primeiro a ver o novo oceano. Seus soldados, mais abaixo, só podiam "supor" o que o chefe estava descortinando. A situação vem da *History of America*, de Robertson, que Keats lera na biblioteca escolar em Enfield: "Quando, com infinito trabalho, tinham escalado a maior parte daquela íngreme encosta, Balboa mandou seus homens fazerem alto e subiu sozinho para o topo, a fim de ser o primeiro a fruir de um espetáculo que havia tanto tempo desejava. Tão logo contemplou o Mar do Sul a estender-se numa visão ilimitada abaixo dele, caiu de joelhos e, erguendo as mãos para o céu, deu graças a Deus. (...) Seus seguidores, observando-lhe o transporte de alegria, precipitaram-se para se juntar ao seu pasmo, regozijo e gratidão".

ODE ON INDOLENCE

"They toil not, neither do they spin."

I

One morn before me were three figures seen,
    With bowed necks, and joined hands, side-faced;
And one behind the other stepp'd serene,
    In placid sandals, and in white robes graced;
They pass'd, like figures on a marble urn,
    When shifted round to see the other side;
        They came again; as when the urn once more
Is shifted round, the first seen shades return;
    And they were strange to me, as may betide
        With vases, to one deep in Phidian lore.

ODE SOBRE A INDOLÊNCIA[*]

"Não trabalham nem fiam"

I

Certa manhã vi três figuras de perfil,
  De cabeça inclinada as três, e de mãos juntas;
E vinha uma após outra com sereno andar,
  Usando plácidas sandálias, vestes brancas;
Passaram, quais figuras de marmórea urna,
  Quando a giramos para ver o lado oposto;
    Voltaram, como quando uma vez mais viramos
A urna, e então retornam as primeiras formas;
  Eram-me estranhas, como em relação a vasos
    Pode ocorrer com doutos no saber de Fídias.

---

[*] Escrita provavelmente em inícios de maio de 1819, não figurou no vol. de 1820. Em carta de 9 de junho a Sarah Jeffrey, Keats refere-se à ode: "Tenho estado bem ocioso ultimamente, muito avesso a escrever, tanto por causa da ideia avassaladora de nossos poetas mortos, como por causa da diminuição de meu amor à fama. Espero que eu tenha um pouco mais de filósofo do que antes, consequentemente um pouco menos de um cordeiro de estimação versificador. (...) Você julgará de meu estado de ânimo em 1819 quando eu lhe disser que ter escrito uma ode à Indolência foi a coisa de que mais gostei este ano". Noutras cartas de 1819, falara também na indolência. Pensa Barnard que esta ode, em geral considerada inferior às do vol. de 1820, é um reflexo da crise pessoal (financeira e da fama) do poeta. A epígrafe é de Mateus, VI, 28: "Olhai os lírios do campo, como crescem: não trabalham nem fiam'". A ordem das estrofes varia conforme as edições.

II

How is it, Shadows! that I knew ye not?
　　How came ye muffled in so hush a mask?
Was it a silent deep-disguisèd plot
　　To steal away, and leave without a task
My idle days? Ripe was the drowsy hour;
　　The blissful cloud of summer-indolence
　　　　Benumb'd my eyes; my pulse grew less and less;
Pain had no sting, and pleasure's wreath no flower:
　　O, why did ye not melt, and leave my sense
　　　　Unhaunted quite of all but – nothingness?

III

A third time pass'd they by, and, passing, turn'd
　　Each one the face a moment whiles to me;
Then faded, and to follow them I burn'd
　　And ached for wings, because I knew the three;
The first was a fair maid, and Love her name;
　　The second was Ambition, pale of cheek,
　　　　And ever watchful with fatiguèd eye;
The last, whom I love more, the more of blame
　　Is heap'd upon her, maiden most unmeek, –
　　　　I knew to be my demon Poesy.

II

Como foi que, ó Imagens, não vos conheci?
  Como viestes ocultas com tão quieta máscara?
Era silente ardil, bem disfarçado para
  Levar furtivo e pôr ociosos os meus dias?
Madura estava a hora sonolenta. A nuvem
  Mais que feliz de uma indolência de verão
    Entorpeceu-me o olhar; meu pulso fraquejava;
Não doía a dor, nem o prazer tinha inda flores:
  Por que não vos fundistes, a deixar-me o espírito
    Deserto do que quer que fosse – exceto o nada?

III

Terceira vez passaram perto, e enquanto isso
  Voltaram um momento o rosto para mim;
Depois esvaeceram, e, para segui-las,
  Ardi e ansiei por asas, pois reconheci-as;
A primeira, formosa virgem, era o Amor;
  A segunda, a Ambição, de palidez nas faces
    E sempre atenta com seus olhos fatigados;
Na última, que quanto mais censuram tanto
  Mais eu amo, donzela, extremamente indócil,
    Reconheci o meu demônio, a Poesia.

IV

They faded, and, forsooth! I wanted wings:
   O folly! What is Love! and where is it?
And for that poor Ambition – it springs
   From a man's little heart's short fever-fit;
For Poesy! – no, – she has not a joy, –
   At least for me, – so sweet as drowsy noons,
     And evenings steep'd in honied indolence;
O, for an age so shelter'd from annoy,
   That I may never know how change the moons,
     Or hear the voice of busy common-sense!

V

And once more come they by; – alas! wherefore?
   My sleep had been embroider'd with dim dreams;
My soul had been a lawn besprinkled o'er
   With flowers, and stirring shades, and baffled beams:
The morn was clouded, but no shower fell,
   Tho' in her lids hung the sweet tears of May;
     The open casement press'd a new-leav'd vine,
Let in the budding warmth and throstle's lay;
   O Shadows! 'twas a time to bid farewell!
     Upon your skirts had fallen no tears of mine.

IV

Esvaeceram, e eu, certo, queria asas;
  Ó, loucura! O que é o Amor? e onde está ele?
E essa pobre Ambição! nasce de um breve acesso
  De febre no pequeno coração de um homem;
Quanto à Poesia! – ao menos para mim não traz
  Prazer que iguale os meio-dias sonolentos
    E as tardes cheias de indolência toda mel;
Ó, que a amargura não atinja a minha vida
  E assim jamais eu sabia como as luas mudam
    Nem ouça a voz intrometida do bom-senso!

V

Por que, ai! terceira vez elas passaram perto?
  Meu sono, tinham-no bordado vagos sonhos;
Minha alma tinha sido relva borrifada
  Por flores, por inquietas sombras, raios frustros:
Não houve tempestade na manhã nublada,
  Com as lágrimas de maio a lhe pender das pálpebras.
    Folhas novas de vide opressas na janela
Por onde entrava a tepidez das brotações
  E a voz do tordo, ó Imagens! era dar-me adeus!
    Em vossas vestes não caíra pranto meu.

VI

So, ye three Ghosts, adieu! Ye cannot raise
   My head cool-bedded in the flowery grass;
For I would not be dieted with praise,
   A pet-lamb in a sentimental farce!
Fade softly from my eyes, and be once more
   In masque-like figures on the dreamy urn;
     Farewell! I yet have visions for the night,
And for the day faint visions there is store;
   Vanish, ye Phantoms! from my idle spright,
     Into the clouds, and never more return!

VI

Três Fantasmas, adeus! Não me podeis erguer
  A fronte de seu fresco leito, a grama em flor,
Não me atrairia ser nutrido com elogios,
  Qual cordeiro de estima em farsa emocional!
Desvanecei-vos suaves; sede uma vez mais 5
  Figuras mascaradas na urna sonhadora;
    Adeus! Tenho visões para o correr da noite
E para o dia visões débeis e copiosas;
  Sumi, Fantasmas, deste espírito indolente,
    E entrando pelas nuvens, nunca mais volteis! 10

3-4 Não me...emocional!] "Reflete a buscada despreocupação de Keats com as notas dos críticos. O sentido é: 'O louvor que os críticos proporcionam não vale nada, é como a sentimentalidade de acariciar um cordeiro (o que de qualquer modo é inofensivo)'. Compare com o modo de ver de Keats em 8 de outubro de 1818: 'Louvor ou censura têm apenas um efeito momentâneo sobre o homem cujo amor à beleza em si o torna crítico severo de suas próprias obras. Minha própria crítica doméstica provocou-me mágoa incomparavelmente superior à que a *Blackwood* ou a *Quarterly* talvez pudessem infligir.'" (Barnard)

THIS LIVING HAND...

This living hand, now warm and capable
Of earnest grasping, would, if it were cold
And in the icy silence of the tomb,
So haunt thy days and chill thy dreaming nights
That thou wouldst wish thine own heart dry of blood
So in my veins red life might stream again,
And thou be conscience-calm'd – see here it is –
I hold it towards you.

ESTA MÃO VIVA*

Esta mão viva, agora quente e pronta
Para um sincero aperto, se estivesse fria
E no silêncio gélido da tumba,
Viria de tal forma te obsedar os dias
E esfriar-te as noites sonhadoras
Que quererias esgotar o sangue de teu coração
Para que em minhas veias –
Pudesse inda uma vez correr a vida rubra
E tranquila tivesses a consciência:
– Vê-a, aqui está, estendo-a para ti.

---

*Estes versos foram escritos, talvez, em novembro ou dezembro de 1819, numa página do manuscrito de "The Cap and Bells", parece que durante a composição do poema. Supõem alguns que fossem dirigidos a Fanny Brawne; outros que se destinavam à utilização posterior, em peça ou poema. Como se vê, simples conjeturas.

FANCY

Ever let the Fancy roam,
Pleasure never is at home:
At a touch sweet Pleasure melteth,
Like to bubbles when rain pelteth;
Then let winged Fancy wander
Through the thought still spread beyond her:
Open wide the mind's cage-door,
She'll dart forth, and cloudward soar.
O sweet Fancy! let her loose;
Summer's joys are spoilt by use,
And the enjoying of the Spring
Fades as does its blossoming;
Autumn's red-lipp'd fruitage too,
Blushing through the mist and dew,
Cloys with tasting: What do then?
Sit thee by the ingle, when
The sear faggot blazes bright,
Spirit of a winter's night;
When the soundless earth is muffled,
And the caked snow is shuffled
From the ploughboy's heavy shoon;
When the Night doth meet the Noon
In a dark conspiracy
To banish Even from her sky.

A FANTASIA[*]

Que a alada Fantasia vague sempre,
Nunca acharemos o Prazer em casa.
A um toque só, o doce Prazer se esfaz,
Como bolhas se a chuva tamborila;
Que a alada Fantasia erre por meio
Do pensamento que vai sempre além:
Abri a porta que engaiola a mente,
E ela, arrojando-se, voará até as nuvens.
Oh, doce Fantasia! fique livre;
Os gozos do verão com o uso gastam-se,
E fana-se a fruição da primavera
Como se fana o seu florescimento;
Também no outono os frutos de vermelhos lábios,
Rubescendo através de bruma e orvalho,
Enjoam se provados: que fazer,
Portanto? Senta-te à lareira, quando
A lenha seca esplendorosa queima,
Espírito da noite de um inverno;
Quando a terra silente se recobre,
E a neve endurecida o jovem rústico
Sacode-a do calçado que lhe pesa;
Quando a noite se ajunta ao meio-dia
Numa conspiração de negro tom
Para banir do céu o entardecer.

---

[*]Escrita provavelmente em dezembro de 1818 e publicada no volume de 1820. Keats copiou o poema, junto com "Bards of Passion and Mirth", poema em versos também binários de quatro acentos, em carta-jornal, a George e a Georgiana, em 2 de janeiro de 1819, como se fosse uma espécie de "rondó", naturalmente por causa dos versos repetidos e breves. Vide a nota de "Bardos da paixão e da alegria".

Sit thee there, and send abroad,
With a mind self-overaw'd,
Fancy, high-commission'd: – send her!
She has vassals to attend her:
She will bring, in spite of frost,
Beauties that the earth hath lost;
She will bring thee, all together,
All delights of summer weather;
All the buds and bells of May,
From dewy sward or thorny spray;
All the heaped Autumn's wealth,
With a still, mysterious stealth:
She will mix these pleasures up
Like three fit wines in a cup,
And thou shalt quaff it: – thou shalt hear
Distant harvest-carols clear;
Rustle of the reaped corn;
Sweet birds antheming the morn:
And, in the same moment – hark!
'Tis the early April lark,
Or the rooks, with busy caw,
Foraging for sticks and straw.
Thou shalt, at one glance, behold
The daisy and the marigold;
White-plum'd lillies, and the first
Hedge-grown primrose that hath burst;
Shaded hyacinth, alway
Sapphire queen of the mid-May;
And every leaf, and every flower
Pearled with the self-same shower.
Thou shalt see the fieldmouse peep
Meagre from its celled sleep;
And the snake all winter-thin
Cast on sunny bank its skin;
Freckled nest-eggs thou shalt see

Senta-te aí, e envia para fora,
Com a mente que sozinha se intimida,
A Fantasia, com poderes plenos,
Envia-a! Tem vassalos dedicados:
Ela trará, apesar do frio extremo,
Belezas já perdidas pela terra;
Ela trará, reunidos, para ti,
Os encantos completos do verão;
Os botões e as campânulas de maio,
Da úmida relva ou de espinhoso ramo;
E a riqueza que o outono acumulou
Com sua quieta, misteriosa ação:
Ela misturará esses prazeres –
Como três vinhos certos numa taça,
E tu os tragarás, ouvindo então
Ao longe, claras, as canções da ceifa,
O murmúrio do trigo ao ser cortado;
Os pássaros louvando em sua antífona
A manhã, e no mesmo instante – escuta!
É a cotovia ao iniciar-se abril,
A gralha-calva, com um grasnido ativo
Em busca de raminhos ou de palha.
Contemplarás, de um só golpe de vista,
A margarida e, a par, o malmequer;
O lírio de alvas plumas e a primeira
Primavera que se mostrou na sebe;
Na sombra, do jacinto a flor, uma rainha
De safira se maio vai em meio;
E cada folha, e cada flor mostrando
As pérolas do mesmo temporal.
O ratinho silvestre, tu o verás
Magro a espiar de seu sono enclausurado;
E a serpente emaciada pelo inverno
Deixar a pele em riba ensolarada;
Verás, no ninho, pintalgados ovos

Hatching in the hawthorn-tree,
When the hen-bird's wing doth rest
Quiet on her mossy nest;
Then the hurry and alarm
When the bee-hive casts its swarm;
Acorns ripe down-pattering,
While the autumn breezes sing.
Oh, sweet Fancy! let her loose;
Every thing is spoilt by use:
Where 's the cheek that doth not fade,
Too much gaz'd at? Where 's the maid
Whose lip mature is ever new?
Where's the eye, however blue,
Doth not weary? Where's the face
One would meet in every place?
Where's the voice, however soft,
One would hear so very oft?
At a touch sweet Pleasure melteth
Like to bubbles when rain pelteth.
Let, then, winged Fancy find
Thee a mistress to thy mind:
Dulcet-eyed as Ceres' daughter,
Ere the God of Torment taught her
How to frown and how to chide;
With a waist and with a side
White as Hebe's, when her zone
Slipt its golden clasp, and down
Fell her kirtle to her feet,
While she held the goblet sweet,
And Jove grew languid. – Break the mesh
Of the Fancy's silken leash;
Quickly break her prison-string,
And such joys as these she'll bring. –
Let the winged Fancy roam,
Pleasure never is at home.

A chocar no espinheiro, quando a asa
Da fêmea da avezinha permanece
Sem se mexer no seu musgoso ninho;
Depois o alarme e a precipitação
Quando a colmeia expede o seu enxame;
As glandes que ao cair maduras ruídam
Quando cantam as brisas outonais.
Oh, doce Fantasia! fique livre;
Todas as coisas gastam-se com o uso.
Onde está a face, muito contemplada,
Que não se fane? Onde estará a donzela
Que haja lábios maduros sempre jovens?
Onde é que está o olhar, embora azul,
Que não se canse? Onde se encontra o rosto
Que se deseje ver em toda parte?
Onde está a voz, macia seja embora,
Que se goste de ouvir a todo instante?
A um toque só, o doce Prazer se esfaz,
Como bolhas se a chuva tamborila.
Que a alada Fantasia então encontre
A bem amada para o teu espírito:
Como a filha de Ceres, de olhar doce
Antes de o deus do inferno lhe ensinar
Como franzir o cenho e repreender;
Com uma cintura e com uma ilharga branca
Tal como a de Hebe, quando a sua faixa
Do fecho de ouro desprendeu-se, e abaixo
A veste deslizou-lhe até aos pés,
Quando ela segurava a doce taça,
E Jove enlangueceu. – Rebenta a malha
Do sedoso torçal da Fantasia;
Rompe-lhe a corda da prisão, depressa,
E ela trará alegrias desse gênero.
Que a alada Fantasia vague sempre,
Nunca acharemos o Prazer em casa.

SONNET

    When I have fears that I may cease to be
        Before my pen has glean'd my teeming brain,
    Before high-piled books, in charactery,
        Hold like rich garners the full ripen'd grain;
5   When I behold, upon the night's starr'd face,
        Huge cloudy symbols of a high romance,
    And think that I may never live to trace
        Their shadows, with the magic hand of chance;
    And when I feel, fair creature of an hour,
10   That I shall never look upon thee more,
    Never have relish in the faery power
        Of unreflecting love; – then on the shore
    Of the wide world I stand alone, and think
    Till love and fame to nothingness do sink.

SE TENHO MEDO*

Se tenho medo de meus dias terminar
    Antes de a pena me aliviar o espírito, antes
De muito livro, em alta pilha, me encerrar
    Os grãos maduros como em silos transbordantes;
Se vejo, nas feições da noite constelar,
    Enormes símbolos nublados de um romance
E penso que não viverei para copiar
    As suas sombras com a mão maga de um relance;
Quando sinto que nunca mais hei de te ver,
    Formosa criatura de um momento ideal!
Nem hei de saborear o mítico poder
    Do amor irrefletido! – então no litoral
Do vasto mundo eu fico só, a meditar,
Até ir Fama e Amor no nada naufragar.

---

*O soneto, com o qual Keats começa a preferir a forma shakesperiana, foi enviado a Reynolds em carta de 31 de janeiro de 1818, na qual o poeta, ao transcrevê-lo, declarava que era o mais recente que havia escrito.

5-6 Se vejo...romance] Escreveria Keats em carta ao mesmo Reynolds, de 19 de fevereiro seguinte, que "o homem devia tecer uma tapeçaria empírea, cheia de símbolos para o seu olho espiritual". "Romance" pode significar um poema longo narrativo (como se pode ver na carta a Haydon dando notícia de que escrevera mil linhas do *Endimião*).
8 relance;] *lit.*, acaso.
10 momento ideal!] O adjetivo não se acha no texto inglês. Julga-se que Keats estivesse se referindo à mesma dama que vira no verão de 1814 em Vauxhall Gardens e para a qual escreveu mais duas peças – *"Fill for me a brimming bowl"* e *"Time's sea hath been five years at its slow ebb"*.

ENDYMION (I, 232–306)

"O thou, whose mighty palace roof doth hang
From jagged trunks, and overshadoweth
Eternal whispers, glooms, the birth, life, death
Of unseen flowers in heavy peacefulness;
Who lov'st to see the hamadryads dress
Their ruffled locks where meeting hazels darken;
And through whole solemn hours dost sit, and hearken
The dreary melody of bedded reeds –
In desolate places, where dank moisture breeds
The pipy hemlock to strange overgrowth,
Bethinking thee, how melancholy loath
Thon wast to lose fair Syrinx – do thou now,
By thy love's milky brow!
By all the trembling mazes that she ran,
Hear us, great Pan!

HINO A PÃ (I, 232-306)*

Ó tu, cujo amplo teto de palácio se ergue
Sobre rugosos troncos, a cobrir de sombra
Cicios eternos, o negror, a vida e morte
De flores invisíveis em pesada paz;
Que adoras ver as Hamadríades comporem
O cabelo desfeito, onde o avelal sombreia;
E sentas para ouvir, durante horas solenes,
A triste melodia dos caniços juntos
Em sítios desolados, onde com a umidade
A cicuta aflautada cresce a estranha altura;
Pensando em como te sentiste contrariado
E melancólico ao perder Sirinx, a bela,
– Pela fronte de leite de tua amada,
Pelos trêmulos meandros que ela percorreu,
Ouve-nos, grande Pã!

---

*Quando em casa de Haydon o hino foi lido a Wordsworth, declarou este que se tratava de *"a pretty piece of Paganism"*; Keats, afirma-o Lorde Houghton, não gostou da observação, tomando-a como depreciativa. Shelley, que não aprecia muito o *Endimião*, achava contudo que este excerto era "a prova mais segura da excelência final" do poeta. Na verdade, o hino não é uma simples peça pagã, pois usa a figura mitológica a modo de pretexto para uma rica visão das coisas silvestres, sendo seu claro romantismo patente, por exemplo, na última estrofe. As atividades de Pã são vistas através dos poetas elizabetanos. Escreve Douglas Bush: "O deus-capro, divindade tutelar dos pastores, tem sido há muito alegorizado em vários graus, de Cristo à 'Natureza Universal' (Sandys); aqui ele se torna símbolo da imaginação romântica, do conhecimento supramortal".

3 vida e morte] *lit.*, antes de "vida e morte", "o nascimento".

"O thou, for whose soul-soothing quiet, turtles
Passion their voices cooingly 'mong myrtles,
What time thou wanderest at eventide
Through sunny meadows, that outskirt the side
Of thine enmossed realms: O thou, to whom
Broad-leaved fig trees even now foredoom
Their ripen'd fruitage; yellow girted bees
Their golden honeycombs; our village leas
Their fairest blossom'd beans and poppied corn;
The chuckling linnet its five young unborn,
To sing for thee; low creeping strawberries
Their summer coolness; pent-up butterflies
Their freckled wings; yea, the fresh budding year
All its completions – be quickly near,
By every wind that nods the mountain pine,
O forester divine!

"Thou, to whom every faun and satyr flies
For willing service; whether to surprise
The squatted hare while in half sleeping fit;
Or upward ragged precipices flit
To save poor lambkins from the eagle's maw;
Or by mysterious enticement draw
Bewildered shepherds to their path again;
Or to tread breathless round the frothly main,
And gather up all fancifullest shells
For thee to tumble into Naiad's cells,
And, being hidden, laugh at their out-peeping;
Or to delight thee with fantastic leaping,
The while they pelt each other on the crown
With silvery oak apples, and fir cones brown –
By all the echoes that about thee ring,
Hear us, O satyr king!

Ó tu, por cuja paz que abranda a alma, as rolas,
Pondo paixão na voz, arrulham entre os mirtos
Na hora em que vagueias ao cair da tarde
Pelos prados de sol, que os flancos delimitam
De teus reinos brejosos: tu a quem as figueiras
De largas folhas predestinam já os frutos
Maduros; as abelhas de amarelo cinto,
Seus favos de ouro; os campos das aldeias nossas,
Favas de bela flor e trigo com papoulas;
O pintarroxo a piar, filhotes que, ora em casca,
Cantarão para ti; os morangos rastejantes,
Seu frescor estival; ninfas de borboletas,
Suas asas mosqueadas; sim, o ano em botão
As suas perfeições – acerta-te depressa,
Pelo vento que agita o pinho da montanha,
Ó divino selvagem!

Ó tu, para quem correm sátiros e faunos,
Prontos para servir; quer para surpreender
A lebre que se agacha meio a dormitar;
Ou escalando precipícios escabrosos
Para salvar da goela da águia os cordeirinhos,
Ou para pôr de novo, com atração oculta,
Os pastores perdidos no caminho certo,
Ou para andar arfante em torno ao mar de espumas,
Ou para recolher as conchas mais bizarras
Para que as jogues aonde as Náiades se acolhem
E, oculto, rias quando espiarem para fora;
Ou para que te encantem fantasiosos saltos
Quando elas se entrejogam na cabeça argênteas
Glandes de roble e as pardas pinhas dos abetos
– Por todos esses ecos em redor de ti,
Ó, escuta-nos, rei sátiro!

---

10 filhotes] *lit.*, cinco filhotes.

"O Hearkener to the load clapping shears,
While ever and anon to his shorn peers
A ram goes bleating: Winder of the horn,
When snouted wild-boars routing tender corn
Anger of huntsman: Breather round our farms,
To keep off mildews, and all weather harms:
Strange ministrant of undescribed sounds,
That come a swooning over hollow grounds,
And wither drearily on barren moors:
Dread opener of the mysterious doors
Leading to universal knowledge – see,
Great son of Dryope,
The many that are come to pay their vows
With leaves about their brows!

"Be still the unimaginable lodge
For solitary thinkings; such as dodge
Conception to the very bourne of heaven,
Then leave the naked brain: be still the leaven,
That spreading in this dull and clodded earth,
Gives it a touch ethereal – a new birth:
Be still a symbol of immensity;
A firmament reflected in a sea;
An element filling the space between;
An unknown – but no more: we humbly screen
With uplift hands our foreheads, lowly bending,
And giving out a shout most heaven rending,
Conjure thee to receive our humble Paean,
Upon thy Mount Lycean!"

Tu que percebes o ruído das tesouras
Se um carneiro, a balir, de quando em quando vez
Juntar-se aos já tosqueados; tu, que a trompa soas,
Se os javalis, talando os tenros cereais,
Iram o caçador; que em torno à granja tocas
Para afastar a mangra e os danos do mau tempo;
Tu que estranho nos dás indefiníveis sons
Que vêm desfalecer no côncavo dos vales
E languem tristemente nos urzais estéreis;
Temível abridor das portas misteriosas
Que levam ao saber universal – contempla,
Grande filho de Dríope,
Tantos que vieram para realizar seus votos,
Com folhas sobre a testa!

Persiste sendo o abrigo não imaginável
De solitárias reflexões, como as que brincam
Com a compreensão até os próprios confins do céu
E põem então a mente vã; sê a levedura
Que ao se expandir nesta massuda terra triste
Dá-lhe um etéreo toque: – um novo nascimento;
Persiste sendo um símbolo da imensidão;
Um firmamento refletido por um mar;
Um elemento a encher o espaço intermediário;
Um ignoto – mas chega: humildes nós velamos
A fronte, erguendo as mãos; modestos inclinando-nos
E erguendo até aos céus um grito que os lacera,
Conjuramos-te a ouvir o nosso humilde peã,
Sobre o monte Liceu!

---

4 talando] *routing*: propriamente, revirando o chão com o focinho em busca de alimento. Usei "talando" em vez de "fossando".
28 monte Liceu!] monte da Arcádia, segundo Justino habitado por Pã.

TO SLEEP

    O soft embalmer of the still midnight!
        Shutting, with careful fingers and benign,
    Our gloom-pleas'd eyes, embower'd from the light,
        Enshaded in forgetfulness divine:
    O soothest Sleep! if so it please thee, close
        In midst of this thine hymn, my willing eyes,
    Or wait the "Amen", ere thy poppy throws
        Around my bed its lulling charities;
    Then save me, or the passed day will shine
    Upon my pillow, breeding many woes, –
        Save me from curious Conscience, that still lords
    Its strength for darkness, burrowing like a mole;
        Turn the key deftly in the oiled wards,
    And seal the hushed Casket of my Soul.

AO SONO[*]

Tu que embalsamas meia-noite, a sossegada,
   E que bondoso fechas, com esse toque atento,
Olhos, da luz guardados, a que a treva agrada,
   Ensombrecidos em divino esquecimento;
Sono, ó bem suave! fecha, se isso te convém,
   Em meio a este hino teu, meus olhos que consentem,
Ou que tua papoula atire, só no amém,
   Em torno ao leito meu esmolas que acalentem.
Salva-me então do inquisitivo pensamento,
Que pelas trevas com suas forças vem
   Cavar como toupeira: ou voltar-me-á a brilhar
No travesseiro o dia, em si tão doloroso!
   Na fechadura faze a chave, hábil, girar,
E sela de minha alma o escrínio silencioso.

---

[*] Em data de 30 de abril de 1819, Keats transcreveu para George e Georgiana este soneto experimental em matéria de rimas, que obedecem ao seguinte esquema: *abab cdcd bc efef*, prendendo o sistema de rimas da sextilha final às da oitava.

10-11 Que pelas... brilhar] *lords, hoards*. Há no original um problema textual, sendo a variante *hoards* de Woodhouse, mas perfilhada uma vez por Keats. Há precedente para *lords* no *Endimião*, explicando Garrod que neste soneto significa "*captained*", "*marshalled*". "*Conscience marshals, arrays, disposes proudly and boastfully, its power for darkness.*" Na tradução o problema desaparece na paráfrase: "com suas forças vem".

MEG MERRILLIES

I

Old Meg she was a Gipsy,
   And liv'd upon the Moors:
Her bed it was the brown heath turf,
   And her house was out of doors.

II

Her apples were swart blackberries,
   Herr currants pods o' broom;
Her wine was dew of the wild white rose,
   Her book a churchyard tomb.

III

Her Brothers were the craggy hills,
   Her Sisters larchen trees –
Alone with her great family
   She liv'd as she did please

IV

No breakfast had she many a morn,
   No dinner many a noon,
And 'stead of supper she would stare
   Full hard against the Moon.

MEG MERRILLIES[*]

I

A velha Meg era cigana
  E dos urzais tirava o seu sustento:
Por leito a parda grama da charneca,
  A sua casa era o relento.

II

Suas maçãs eram amoras-pretas;
  As suas passas, giesta em vagem;
Seu vinho, o orvalho da alva rosa brava,
  Livro, do cemitério certa lajem.

III

Por irmãos tinha os montes escarpados,
  Toda árvore de lárix por irmã:
Sozinha com a família numerosa,
  Ela vivia folgazã.

IV

Muitas manhãs não tinha almoço,
  E ao meio-dia nem jantar;
Em vez de ceia asperamente a Lua
  Ela postava-se a fitar.

---

[*] Quando de sua viagem à Escócia, Keats e Brown estiveram na cena de *Guy Mannering*, de Scott. Keats nunca lera o romance, mas ficou muito impressionado com o tipo de Meg Merrilies, tal como lho descrevera Brown. "Ele pareceu de imediato intuir a criação do romancista, e, parando de repente no caminho, num ponto onde havia profusão de madressilvas, rosas bravas e digitális, misturou-se com sarça e giesta que enchiam os espaços entre as rochas fragmentadas, exclamando: 'Sem sombra de dúvida, neste lugar a velha Meg ferveu frequentemente seu caldeirão.'" (Lorde Houghton). Em data de 2 de julho de 1818 enviou a balada a Fanny, sua irmã, e no dia seguinte a Tom.

V

But every morn of woodbine fresh
    She made her garlanding,
And every night the dark glen Yew
    She wove, and she would sing.

VI

And with her fingers old and brown
    She plaited Mats o' Rushes,
And gave them to the Cottagers
    She met among the Bushes.

VII

Old Meg was brave as Margaret Queen
    And tall as Amazon:
An old red blanket cloak she wore;
    A chip hat had she on.
God rest her aged bones somewhere –
    She died full long agone!

V

Toda manhã, de madressilva fresca
  Sua grinalda ela fazia,
E à noite o teixo escuro lá do vale
  Cantarolando ela tecia.

VI

E com seus dedos velhos, pardacentos,
  Esteiras de caniço ela trançava,
E aos camponeses que encontrasse
  Entre os arbustos, ela as dava.

VII

Como a Rainha Margaret a velha Meg
  Era valente; alta qual amazona; a usar
Um velho cobertor vermelho como manto,
  Um chapéu de palha ela trazia.
Deus lhe dê paz aos ossos em algum lugar,
  Que ela morreu faz quanto tempo, quanto!

---

9 Rainha Margaret] lendária e santa rainha da Escócia, esposa do rei Malcolm Canmore, a qual, ida da Inglaterra, reformou a Igreja céltica.

SONNET: A DREAM, AFTER READING DANTE'S EPISODE OF PAOLO AND FRANCESCA

As Hermes once took to his feathers light,
    When lulled Argus, baffled, swoon'd and slept,
So on a Delphic reed, my idle spright
    So play'd, so charm'd, so conquer'd, so bereft
The dragon-world of all its hundred eyes;
    And, seeing it asleep, so fled away –
Not to pure Ida with its snow-cold skies,
    Nor unto Tempe, where Jove griev'd a day;
But to that second circle of sad hell,
    Where 'mid the gust, the whirlwind, and the flaw
Of rain and hail-stones, lovers need not tell
    Their sorrows. Pale were the sweet lips I saw,
Pale were the lips I kissed, and fair the form
I floated with, about that melancholy storm.

UM SONHO: DEPOIS DE LER O EPISÓDIO DE PAOLO E FRANCESCA, EM DANTE[*]

Como Hermes voou com suas penas, levemente,
   Quando Argos, aturdido, desmaiou e dormiu,
Assim, na flauta délfica, esta alma indolente
   Assim encantou, assim venceu, assim extinguiu
Os cem olhos de nosso mundo, este dragão,   5
   E assim fugiu, ao vê-lo assim adormecido,
Não para o Ida de céus frios de neve, não,
   Nem para Tempe, que já viu Jove sofrido:
Para o segundo círculo do Inferno, antes,
   Onde em remoinho, na lufada – ou no tufão –   10
De chuva ou gelo, não precisam os amantes
   Dizer suas mágoas: lábios pálidos vi então,
E pálidos beijei, bela a forma com a qual
Flutuei, ao léu daquele triste temporal.

[*] Copiado para George e Georgiana em data de 16 abr. 1819. Keats estava lendo a tradução de Dante por Cary e diz: "O canto V de Dante agrada-me cada vez mais – é aquele no qual o poeta encontra Paolo e Francesca – passei muitos dias bastante deprimido e no meio deles sonhei que estava naquela região do Inferno. O sonho foi um dos prazeres mais deliciosos que tive na vida – flutuei pela atmosfera redemoinhante, como é descrita, com uma bela figura a cujos lábios os meus se juntaram, parecia que por um século – e no meio daquele frio e trevas eu estava quente – até cimos floridos de árvores surgiam e repousamos neles com a leveza de uma nuvem, por algum tempo, enquanto o vento não nos soprou para longe novamente – tentei um soneto sobre isso – são catorze linhas, mas nelas nada há do que senti – oh, se eu pudesse sonhar isso todas as noites!".

8 Nem para... sofrido:] Suponho que a alusão seja à transformação de Io em novilha. Ovídio faz o pai de Io, o deus-rio Ínaco, terminar em Tempe. Lá, presumivelmente, se processa a desgraça da moça. Se a alusão é essa, a variante *"a day"*, no verso 8, é superior a *"that day"*. A primeira é a forma da publicação no *Indicator*, 28 jun. 1820.
11-12 não precisam...mágoas:] Segundo Barnard, porque suas mágoas são aparentes ou porque estão a salvo de perguntas curiosas. Ou talvez, julgo eu, porque estejam juntos e assim não tenham mágoas a dizer.

"O sorrow!
Why dost borrow
The natural hue of health, from vermeil lips? –
To give maiden blushes
To the white rose bushes?
Or is it thy dewy hand the daisy tips?

"O Sorrow!
Why dost borrow
The lustrous passion from a falcon-eye? –
To give the glow-worm light?
Or, on a moonless night,
To tinge, on siren shores, the salt sea-spry?

"O Sorrow!
Why dost borrow
The mellow ditties from a mourning tongue? –
To give at evening pale
Unto the nightingale,
That thou mayst listen the cold dews among?

HINO À TRISTEZA (IV, 146-290)[*]

"Ó Tristeza,
    Por que tomas
A rubros lábios o matiz nativo da saúde?
    Para dar rubores de donzela
    Às moitas de roseiras brancas?
Ou tua mão de orvalho é a ponta das boninas?

"Ó Tristeza,
    Por que tomas
Ao olho do falcão o ardor brilhante?
    Para dar luz ao vaga-lume
    Ou, em noite sem lua,
Tingir, em praias de sereia, a inquieta água do mar?

"Ó Tristeza,
    Por que tomas
A uma plangente voz canções suaves?
    Para dá-las, na noite fresca,
    Ao rouxinol
Que possas escutar entre os serenos frios?

---

[*] No canto IV do poema, Endimião encontra misteriosa jovem indiana, que em sua terra se desolava com a solidão, mas deixa a melancolia ao acompanhar o cortejo de Baco. Entrega-se de novo à solitude e invoca a tristeza, para ela o maior bem. Endimião acompanha a moça, embora temendo ser infiel a Febe, a cuja procura andava. Mas a indiana se metamorfoseia a seus olhos na própria deusa, e os dois desaparecem juntos. Keats recorda-se de pormenores de várias fontes para descrever a jornada de Baco, mas menciona-se com especial relevo o quadro *Baco e Ariadne*, de Ticiano. Trazem-se à colação desde Ovídio e os sarcófagos da Vila Aldobrandini, levados pelo duque de Bedford, até gravuras específicas de Poussin. O romantismo deste hino é ainda mais patente, inclusive na dicção, do que no "Hino a Pã".

"O Sorrow!
Why dost borrow
Heart's lightness from the merriment of May? –
A lover would not tread
A cowslip on the head,
Though he should dance from eve till peep of day –
Nor any drooping flower
Held sacred for thy bower,
Wherever he may sport himself and play.

"To Sorrow
I bade good-morrow,
And thought to leave her far away behind;
But cheerly, cheerly,
She loves me dearly;
She is so constant to me, and so kind:
I would deceive her
And so leave her,
But ah! she is so constant and so kind.

"Beneath my palm trees, by the river side,
I sat a weeping: in the whole world wide
There was no one to ask me why I wept, –
And so I kept
Brimming the water-lily cups with tears
Cold as my fears.

"Ó Tristeza,
            Por que tomas
À alegria de maio o júbilo do coração?
            Nenhum amante pisaria
            A primavera em sua fronte,
Dançasse embora desde a noite até o raiar do dia,
            – Nem flor alguma languescente,
            Tida por santa para o teu recesso,
Onde quer que ele folgue e se divirta.

            "À Tristeza
            Eu desejei bom-dia
E pensei deixá-la para trás, bem longe;
            Mas satisfeita, satisfeita,
            Ela quer-me ternamente;
É-me tão constante e tão amável:
            Eu queria enganá-la,
            Assim deixando-a,
Mas ah! ela é-me tão constante e tão amável.

"Sob as minhas palmeiras e do rio à margem
Eu sentei-me a chorar: em todo o vasto mundo
Não havia ninguém para indagar por que eu chorava:
            Assim fiquei
A encher de lágrimas as taças do nenúfar,
            Lágrimas frias como os meus temores.

"Beneath my palm trees, by the river side,
I sat a weeping: what enamour'd bride,
Cheated by shadowy wooer from the clouds,
    But hides and shrouds
Beneath dark palm-trees by a river side?

"And as I sat, over the light blue hills
There came a noise of revellers: the rills
Into the wide stream came of purple hue –
    'Twas Bacchus and his crew!
The earnest trumpet spake, and silver thrills
From kissing cymbals made a merry din –
    'Twas Bacchus and his kin!
Like to a moving vintage down they came,
Crown'd with green leaves, and faces all on flame;
All madly dancing through the pleasant valley,
    To scare thee, Melancholy!
O then, O then, thou wast a simple name!
And I forgot thee, as the berried holly
By shepherds is forgotten, when in June
Tall chestnuts keep away the sun and moon: –
    I rush'd into the folly!

"Within his car, aloft, young Bacchus stood,
Trifling his ivy-dart, in dancing mood,
    With sidelong laughing;
And little rills of crimson wine imbrued
His plump white arms and shoulders, enough white
    For Venus' pearly bite;
And near him rode Silenus on his ass,
Pelted with flowers as he on did pass
    Tipsily quaffing.

"Sob as minhas palmeiras e do rio à margem
Eu sentei-me a chorar: que noiva enamorada,
Se a ilude um vago pretendente, ao vir das nuvens,
    Não se oculta nem se vela
Sob escuras palmeiras e de um rio à margem?

"E ao sentar-me, por sobre os morros azul-claros
Veio um barulho de foliões: os riachos
Lançaram-se da cor da púrpura no vasto rio
    – Era Baco e seu cortejo!
Falou a trompa ardente e vibrações de prata
Dos osculantes címbalos fizeram grande ruído
    – Era Baco e seus parentes!
Como para vindima errante eles chegaram
De verdes folhas coroados, rosto em fogo;
Todos em dança delirante pelo ameno vale,
    Para te afugentar, Melancolia!
Oh então, oh então passaste a simples nome!
E eu te esqueci, como o azevinho com suas bagas
Esquecem-no os pastores quando, em junho,
Os altos castanheiros tapam sol e lua:
    – Precipitei-me na loucura!

"De pé, estava no seu carro o jovem Baco
Brincando com seu dardo de hera, quase que a dançar,
    E rindo de soslaio;
– Fios de vinho carmesim manchavam
Seus nédios braços brancos e seus brancos ombros
    Para com suas pérolas mordê-los Vênus:
E Sileno em seu asno perto cavalgava,
Alvejado com flores ao passar
    E ebriamente bebendo aos grandes tragos.

---

23 dardo de hera,] o tirso.

"Whence came ye, merry Damsels! whence came ye,
So many, and so many, and such glee?
Why have ye left your bowers desolate,
    Your lutes, and gentler fate? –
'We follow Bacchus! Bacchus on the wing,
    A conquering!
Bacchus, young Bacchus! good or ill betide,
We dance before him thorough kingdoms wide: –
Come hither, lady fair, and joined be
    To our wild minstrelsy!'

"Whence came ye, jolly Satyrs! whence came ye,
So many, and so many, and such glee?
Why have ye left your forest haunts, why left
    Your nuts in oak-tree cleft? –
'For wine, for wine we left our kernel tree;
For wine we left our heath, and yellow brooms,
    And cold mushrooms;
For wine we follow Bacchus through the earth;
Great God of breathless cups and chirping mirth!
Come hither, lady fair, and joined be
    To our mad minstrelsy!'

"Over wide streams and mountains great we went,
And, save when Bacchus kept his ivy tent,
Onward the tiger and the leopard pants,
    With Asian elephants:
Onward these myriads – with song and dance,
With zebras striped, and sleek Arabians' prance,
Web-footed alligators, crocodiles,
Bearing upon their scaly backs, in files,
Plump infant laughers mimicking the coil
Of seamen, and stout galley-rowers' toil:
With toying oars and silken sails they glide,
    Nor care for wind and tide.

"Joviais donzelas, donde vínheis? Donde vínheis?
Tantas e tantas e com tanto júbilo?
Por que deixastes os retiros desolados,
      Os alaúdes e mais branda sorte?
– 'Seguimos Baco! Baco a se mover veloz,
      Conquistador!
Baco, o jovem Baco! mal ou bem suceda,
Dançamos diante dele pelos vastos remos:
Vem para cá, formosa dama, e junta-te
      Ao nosso doido canto!'

"Donde vínheis, festivos Sátiros! donde é que vínheis?
Tantos e tantos e com tanto júbilo?
Por que deixastes vossos florestais abrigos,
      Vossas nozes na fenda do carvalho?
– 'Pelo vinho deixamos a árvore e as sementes;
Pelo vinho deixamos landa e giestas amarelas,
      E os cogumelos frios;
Pelo vinho seguimos Baco pela terra;
Deus das copas sem fôlego, do júbilo chalrante!
– Vem para cá, formosa dama, e junta-te
      Ao nosso doido canto!'

"Passamos largos rios e montanhas grandes
E, salvo quando Baco estava em sua tenda de hera,
Avante iam o tigre e o ofego do leopardo,
      Com elefantes da Ásia:
Avante essas miríades – com canto e dança, zebras
Listradas e lustroso empino de cavalos árabes,
Aligatores com seus pés palmados, crocodilos
Levando no escamoso dorso, em filas, nédias,
Risonhas crianças imitando a grita dos marujos
E a valente labuta dos remeiros de galera:
Com fingidos remos e sedosas velas passam
      Sem pensar em vento nem maré.

---

15 árvore] pinheiro.

"Mounted on panthers' furs and lions' manes,
From rear to van they scour about the plains;
A three days' journey in a moment done;
And always, at the rising of the sun,
About the wilds they hunt with spear and horn,
    On spleenful unicorn.

"I saw Osirian Egypt kneel adown
    Before the vine-wreath crown!
I saw parch'd Abyssinia rouse and sing
    To the silver cymbals' ring!
I saw the whelming vintage hotly pierce
    Old Tartary the fierce!
The kings of Inde their jewel-sceptres vail,
And from their treasures scatter pearled hail;
Great Brahma from his mystic heaven groans,
    And all his priesthood moans;
Before young Bacchus' eye-wink turning pale.
Into these regions came I following him,
Sick-hearted, weary – so I took a whim
To stray away into these forests drear
    Alone, without a peer:
And I have told thee all thou mayest hear.

    Young Stranger!
    I've been a ranger
In search of pleasure throughout every clime;
    Alas, 'tis not for me!
    Bewitch'd I sure must be,
To lose in grieving all my maiden prime.

"Nas panteras em pelo e jubas de leões montados,
Da retaguarda à frente eles percorrem as planícies;
Viagem de três dias num momento é feita:
E sempre, ao despontar do sol,
Com chuço e trompa caçam pelas selvas,
    Em irascíveis unicórnios.

"Vi o Egito de Osíris ajoelhar-se
    Ante a soberania da coroa de parreira!
Vi a tostada Abissínia erguer-se e então cantar
    Ao som dos címbalos de prata!
O vinho que domina vi ardoroso penetrar
    Na vetusta e feroz Tartária!
Abaixarem, os reis da Índia, os cetros só de joias
E atirar dos tesouros uma saudação de pérolas;
De seu místico céu o grande Brama geme
    E os sacerdotes dele se lamentam,
A um relance do jovem Baco embranquecendo.
– A estas regiões eu vim acompanhando-o,
Opresso o coração, cansada – assim, deu-me o capricho
De errar nestas florestas tenebrosas
    Sozinha, sem nenhuma companhia:
E tudo eu disse-te que podes escutar.

    "Jovem forasteiro!
    Tenho viajado muito
Em busca do prazer por todas as regiões:
    Ai! para mim ele não é!
    Enfeitiçada, certo, eu devo estar,
Para perder em queixas minha virgem mocidade.

---

6 unicórnios.] o rinoceronte,
não o cavalo com chifres,
medieval.

"Come then, Sorrow,
   Sweetest Sorrow!
Like an own babe I nurse thee on my breast:
   I thought to leave thee,
   And deceive thee,
But now of all the world I love thee best.

   "There is not one,
   No, no, not one
But thee to comfort a poor lonely maid;
   Thou art her mother,
   And her brother,
Her playmate, and her wooer in the shade."

"Vem pois, Tristeza!
  Dulcíssima Tristeza! -
No colo nino-te como se filha minha!
  Eu pensava deixar-te
  E te iludir,
Porém no mundo inteiro és tu a quem mais quero agora.

"Não há ninguém,
  Não, não, ninguém a não ser tu
Que console uma pobre virgem tão sozinha:
  És a mãe dela,
  O seu irmão,
Seu companheiro e pretendente em meio à sombra."

ON SEEING THE ELGIN MARBLES

My spirit is too weak – mortality
   Weighs heavily on me like unwilling sleep,
   And each imagin'd pinnacle and steep
Of godlike hardship, tells me I must die
5 Like a sick Eagle looking at the sky.
   Yet 'tis a gentle luxury to weep
   That I have not the cloudy winds to keep,
Fresh for the opening of the morning's eye.
Such dim-conceived glories of the brain
10   Bring round the heart an undescribable feud;
So do these wonders a most dizzy pain,
   That mingles Grecian grandeur with the rude
Wasting of old Time – with a billowy main –
   A sun – a shadow of a magnitude.

AO VER OS MÁRMORES DE ELGIN[*]

Fraco está meu espírito – a mortalidade
   Oprime-me demais, qual sono indesejado;
   Cada pico ou abismo de divino fado
De que não deixo de morrer me persuade,
Morrer como águia enferma, o olhar ao céu voltado.   5
   É contudo um prazer amável prantear
   Que eu os nublosos ventos não haja de guardar
Frescos para o olho da manhã, mal descerrado.
Essas glórias que a ideia forma vagamente
   Cercam de intensa má vontade o coração: 10
Tais maravilhas trazem dor e confusão
   Que mesclam a grandeza grega com o inclemente
Passar do velho Tempo – com um mar fremente
   – Um sol – a sombra de sublime condição.

---

[*] Keats foi ver os mármores que Lorde Elgin trouxera da Grécia, os do frontão sul do Partenon, em companhia de Haydon, a quem enviou um par de sonetos a propósito. Isso antes de 3 de março de 1817 – data em que Haydon agradeceu a remessa –, tendo sido os dois sonetos publicados no *Examiner* e no *Champion* quase em seguida, no dia 9.

8 olho da manhã,] o sol.
14 sombra de sublime condição.]
a shadow of a magnitude: "a concepção de algo tão grandioso que só pode ser obscuramente apreendido" (Allott).

COLEÇÃO DE BOLSO HEDRA

1. *Iracema*, Alencar
2. *Don Juan*, Molière
3. *Contos indianos*, Mallarmé
4. *Auto da barca do Inferno*, Gil Vicente
5. *Poemas completos de Alberto Caeiro*, Pessoa
6. *Triunfos*, Petrarca
7. *A cidade e as serras*, Eça
8. *O retrato de Dorian Gray*, Wilde
9. *A história trágica do Doutor Fausto*, Marlowe
10. *Os sofrimentos do jovem Werther*, Goethe
11. *Dos novos sistemas na arte*, Maliévitch
12. *Mensagem*, Pessoa
13. *Metamorfoses*, Ovídio
14. *Micromegas e outros contos*, Voltaire
15. *O sobrinho de Rameau*, Diderot
16. *Carta sobre a tolerância*, Locke
17. *Discursos ímpios*, Sade
18. *O príncipe*, Maquiavel
19. *Dao De Jing*, Laozi
20. *O fim do ciúme e outros contos*, Proust
21. *Pequenos poemas em prosa*, Baudelaire
22. *Fé e saber*, Hegel
23. *Joana d'Arc*, Michelet
24. *Livro dos mandamentos: 248 preceitos positivos*, Maimônides
25. *O indivíduo, a sociedade e o Estado, e outros ensaios*, Emma Goldman
26. *Eu acuso!*, Zola — O processo do capitão Dreyfus, Rui Barbosa
27. *Apologia de Galileu*, Campanella
28. *Sobre verdade e mentira*, Nietzsche
29. *O princípio anarquista e outros ensaios*, Kropotkin
30. *Os sovietes traídos pelos bolcheviques*, Rocker
31. *Poemas*, Byron
32. *Sonetos*, Shakespeare
33. *A vida é sonho*, Calderón
34. *Escritos revolucionários*, Malatesta
35. *Sagas*, Strindberg
36. *O mundo ou tratado da luz*, Descartes
37. *O Ateneu*, Raul Pompeia
38. *Fábula de Polifemo e Galateia e outros poemas*, Góngora
39. *A vênus das peles*, Sacher-Masoch
40. *Escritos sobre arte*, Baudelaire
41. *Cântico dos cânticos*, [Salomão]
42. *Americanismo e fordismo*, Gramsci
43. *O princípio do Estado e outros ensaios*, Bakunin
44. *O gato preto e outros contos*, Poe
45. *História da província Santa Cruz*, Gandavo
46. *Balada dos enforcados e outros poemas*, Villon
47. *Sátiras, fábulas, aforismos e profecias*, Da Vinci
48. *O cego e outros contos*, D.H. Lawrence

49. *Rashômon e outros contos*, Akutagawa
50. *História da anarquia (vol. 1)*, Max Nettlau
51. *Imitação de Cristo*, Tomás de Kempis
52. *O casamento do Céu e do Inferno*, Blake
53. *Cartas a favor da escravidão*, Alencar
54. *Utopia Brasil*, Darcy Ribeiro
55. *Flossie, a Vênus de quinze anos*, [Swinburne]
56. *Teleny, ou o reverso da medalha*, [Wilde et al.]
57. *A filosofia na era trágica dos gregos*, Nietzsche
58. *No coração das trevas*, Conrad
59. *Viagem sentimental*, Sterne
60. *Arcana Cœlestia e Apocalipsis revelata*, Swedenborg
61. *Saga dos Volsungos*, Anônimo do séc. XIII
62. *Um anarquista e outros contos*, Conrad
63. *A monadologia e outros textos*, Leibniz
64. *Cultura estética e liberdade*, Schiller
65. *A pele do lobo e outras peças*, Artur Azevedo
66. *Poesia basca: das origens à Guerra Civil*
67. *Poesia catalã: das origens à Guerra Civil*
68. *Poesia espanhola: das origens à Guerra Civil*
69. *Poesia galega: das origens à Guerra Civil*
70. *O chamado de Cthulhu e outros contos*, H.P. Lovecraft
71. *O pequeno Zacarias, chamado Cinábrio*, E.T.A. Hoffmann
72. *Tratados da terra e gente do Brasil*, Fernão Cardim
73. *Entre camponeses*, Malatesta
74. *O Rabi de Bacherach*, Heine
75. *Bom Crioulo*, Adolfo Caminha
76. *Um gato indiscreto e outros contos*, Saki
77. *Viagem em volta do meu quarto*, Xavier de Maistre
78. *Hawthorne e seus musgos*, Melville
79. *A metamorfose*, Kafka
80. *Ode ao Vento Oeste e outros poemas*, Shelley
81. *Oração aos moços*, Rui Barbosa
82. *Feitiço de amor e outros contos*, Ludwig Tieck
83. *O corno de si próprio e outros contos*, Sade
84. *Investigação sobre o entendimento humano*, Hume
85. *Sobre os sonhos e outros diálogos*, Borges — Osvaldo Ferrari
86. *Sobre a filosofia e outros diálogos*, Borges — Osvaldo Ferrari
87. *Sobre a amizade e outros diálogos*, Borges — Osvaldo Ferrari
88. *A voz dos botequins e outros poemas*, Verlaine
89. *Gente de Hemsö*, Strindberg
90. *Senhorita Júlia e outras peças*, Strindberg
91. *Correspondência*, Goethe — Schiller
92. *Índice das coisas mais notáveis*, Vieira
93. *Tratado descritivo do Brasil em 1587*, Gabriel Soares de Sousa
94. *Poemas da cabana montanhesa*, Saigyō
95. *Autobiografia de uma pulga*, [Stanislas de Rhodes]
96. *A volta do parafuso*, Henry James
97. *Ode sobre a melancolia e outros poemas*, Keats
98. *Teatro de êxtase*, Pessoa
99. *Carmilla — A vampira de Karnstein*, Sheridan Le Fanu

100. *Pensamento político de Maquiavel*, Fichte
101. *Inferno*, Strindberg
102. *Contos clássicos de vampiro*, Byron, Stoker e outros
103. *O primeiro Hamlet*, Shakespeare
104. *Noites egípcias e outros contos*, Púchkin
105. *A carteira de meu tio*, Macedo
106. *O desertor*, Silva Alvarenga
107. *Jerusalém*, Blake
108. *As bacantes*, Eurípides
109. *Emília Galotti*, Lessing
110. *Contos húngaros*, Kosztolányi, Karinthy, Csáth e Krúdy
111. *A sombra de Innsmouth*, H.P. Lovecraft
112. *Viagem aos Estados Unidos*, Tocqueville
113. *Émile e Sophie ou os solitários*, Rousseau
114. *Manifesto comunista*, Marx e Engels
115. *A fábrica de robôs*, Karel Tchápek
116. *Sobre a filosofia e seu método — Parerga e paralipomena (v. II, t. I)*, Schopenhauer
117. *O novo Epicuro: as delícias do sexo*, Edward Sellon
118. *Revolução e liberdade: cartas de 1845 a 1875*, Bakunin
119. *Sobre a liberdade*, Mill
120. *A velha Izerguil e outros contos*, Górki
121. *Pequeno-burgueses*, Górki
122. *Um sussurro nas trevas*, H.P. Lovecraft
123. *Primeiro livro dos Amores*, Ovídio
124. *Educação e sociologia*, Durkheim
125. *Elixir do pajé — poemas de humor, sátira e escatologia*, Bernardo Guimarães
126. *A nostálgica e outros contos*, Papadiamántis
127. *Lisístrata*, Aristófanes
128. *A cruzada das crianças/ Vidas imaginárias*, Marcel Schwob
129. *O livro de Monelle*, Marcel Schwob
130. *A última folha e outros contos*, O. Henry
131. *Romanceiro cigano*, Lorca
132. *Sobre o riso e a loucura*, [Hipócrates]
133. *Hino a Afrodite e outros poemas*, Safo de Lesbos
134. *Anarquia pela educação*, Élisée Reclus
135. *Ernestine ou o nascimento do amor*, Stendhal
136. *A cor que caiu do espaço*, H.P. Lovecraft
137. *Odisseia*, Homero
138. *O estranho caso do Dr. Jekyll e Mr. Hyde*, Stevenson

Edição _	Jorge Sallum
Coedição _	Bruno Costa e Iuri Pereira
Capa e projeto gráfico _	Júlio Dui e Renan Costa Lima
Programação em LaTeX _	Marcelo Freitas
Revisão _	André Fernandes, Jorge Sallum e Lila Zanetti
Assistência editorial _	Bruno Oliveira e Lila Zanetti
Colofão _	Adverte-se aos curiosos que se imprimiu esta obra em nossas oficinas em 31 de outubro de 2011, em papel off-set 90 g/m^2, composta em tipologia Minion Pro, em GNU/Linux (Gentoo, Sabayon e Ubuntu), com os softwares livres LaTeX, DeTeX, vim, Evince, Pdftk, Aspell, svn e TRAC.